일단 움직여라, 마음은 따라온다
리츄얼

ⓒ Salvador Dalí, Fundació Gala-Salvador Dalí, SACK, 2012

이 서적 내에 사용된 일부 작품은 SACK를 통해 VEGAP와 저작권 계약을 맺은 것입니다.
저작권법에 의하여 한국 내에서 보호를 받는 저작물이므로 무단 전재 및 복제를 금합니다.

이 책에 사용된 사진들의 경우 대부분 저작권자의 동의를 얻었지만,
저작권자를 찾지 못하여 허락을 받지 못한 것도 있습니다.
저작권자가 확인되는 대로 게재 허락을 받고 정식 동의 절차를 밟겠습니다.

일단 움직여라, 마음은 따라온다

리츄얼

Ritual

신병철 지음

살림Biz

1400년 만에 환생한 평강공주,

나의 아내 이상윤에게

| 들어가며 |

흔들다리에서 만납시다

지금으로부터 22년 전 어느 봄날, 당시 조금은 어색한 연인 관계였던 아내와 나는 함께 북한산에 올랐다. 별다른 취미가 없던 나는 산에 자주 갔는데, 아내 역시 산을 좋아했다. 북한산의 백운대는 많이 가본 곳이라 3시간 코스를 생각하며 가벼운 마음으로 올랐다. 마침 따듯해지는 날씨라서 그런지 많은 사람들이 각자의 능력에 따라 자신들만의 코스를 짜 등산하고 있었다.

우리는 연인이 된 지 얼마 안 된 터라 등산에 집중하기보다는 서로 이런저런 이야기를 나누는 데 정신이 팔려 있었다. 그래서 아무 생각 없이 앞의 팀을 따라 걸었다. 그런데 한참을 가다보니 백운대가 아니라 생전 처음 보는 절벽이 나오는 것 아닌가! 깎아지른 절벽을 내려다보니 족히 10미터는 넘어 보였다. 당황해 어찌할 바를 모르고 있는데, 앞쪽에서 걷던 사람들이 배낭에서 주섬주섬 로프를 꺼내는 것이 보였다. 그들은 로프를 몸에 감고, 안전장치를 이용하여 절벽을 타고 내려가고 있었다. 우리는 북한산으로 산보를 하러 왔지만 그들은 진짜 등산을 온 것이다. 돌아가기도 힘들 만큼 한참을 와버린 참이라 난감해하고 있었는데, 그때 한 사람이 로프를 건네주며 말했다.

"처음 오시는 것 같은데, 왜 이 길로 오셨는지……. 여기는 위험하니 이 로프를 감고 내려가세요. 장갑은 꼭 끼시고, 로프는 허리와 다리에 이렇게 감으면 됩니다. 우리가 위에서 줄을 풀어줄 테니, 천천히 다리를 옮기면서 내려가시면 됩니다."

돌아가자니 너무 오랜 시간이 걸릴 것 같아 어쩔 수 없이 그들의 제안을 받아들였다. 먼저 내가 내려가고 아내가 다음에 내려왔다. 다행히 둘 다 안전하게 잘 내려와 그날의 산행을 마무리할 수 있었다.

나중에 알고 보니 그곳은 북한산 칼바위란 곳이었다. 북한산에서 가장 많이 사고가 나는 곳 중 하나라고 한다. 그날 우리가 사고 없이 내려온 것은 천만다행한 일이었다.

그런데 그 날 그 순간은 내 입장에서 참으로 창피했다. 내가 산을 잘 아니까 나만 따라오면 된다고 큰소리 치고 오른 산인데, 길을 잃어버리고 절벽에서도 전혀 도움을 주지 못했기 때문이다. 도움을 주기는커녕 나 역시 등산가들의 도움을 받아 대롱대롱 매달려 절벽을 내려왔으니……. 사실 아내를 볼 낯이 없어 한동안 만날 때마다 민망해하고는 했다.

그런데 알고 보니 아내는 전혀 그렇게 생각하지 않았다. 그녀는 그 시간이 너무나 즐거웠다고 한다. 절벽에서 대롱대롱 매달려 내려온 그 순간이 자기 평생에 가장 큰 모험을 한 시간이라는 것이다. 그리고 밑에서 자신을 받아주던 내가 굉장히 믿음직스러워 보였다고 한다.

이건 또 무슨 경우인가? 나는 창피하다고 생각했는데 아내는 믿음직스럽게 여기다니! 아내의 말을 듣고 여자의 마음은 정말 모르겠다는 생각이 들었다.

오랜 세월이 흐른 뒤, 한 심리학 연구를 보고 아내가 여자라서 그렇게 생각한 것이 아니라 인간은 그 상황에서 누구나 그렇게 생각한다는 것을 알게 되었다. 도널드 듀톤Donald Dutton과 아서 아론Arthur Aron에 따르면, 인간은 가슴이 두근거리는 순간에 만나는 사람을 매력적이라고 인식한다는 것이다.[1] 다시 말해, 매력적인 사람을 만나 가슴이 두근거리기도 하지만 반대로 가슴이 두근거릴 때 만난 사람을 매력적으로 인식하기도 한다는 것이다.

연구는 이렇게 이루어졌다. 듀톤과 아론은 85명의 실험 참가자를 모집해, 카필라노 강 위에 있는 두 개의 다리에서 실험을 진행했다. 다리 하나는 수면에서 약 60미터 위에 매달려 위태롭게 움직이는 흔들다리였고, 다른 다리는 수면에서 약 3미터 위에 튼튼하게 지어진 나무다리였다. 연구 보조자들은 설문 조사원으로 가장하여 다리를 건너는 젊은 이성(실험 참가자)에게 설문지 작성을 의뢰했다. 이때 남성 연구 보조자는 여성 참가자에게, 여성 연구 보조자는 남성 참가자에게 설문지 작성을 의뢰했다. 그리고 연구 보조자는 실험 참가자에게 설문 결과에 대해 알고 싶으면 연락하라고 전화번호를 알려주었다. 그 후 어떤 환경의 실험 참가자가 연구 보조자에게 전화 연락을 더 많이 했는지 조사해 결과를 비교했다.

  결과는 다음과 같았다. 튼튼한 다리 위에서 설문한 경우는 나중에 전화한 비율이 12.5퍼센트였는데, 흔들다리 위에서 설문한 후 나중에 전화하는 비율은 무려 50퍼센트에 달했다. 물론 설문하는 당시에도 흔들다리 위에서 설문에 더 많이 응해주었다. 그 이유는 흔들다리에서 인터뷰를 했을 때, 흔들거리지 않는 다리에서 인터뷰를 했을 때보다 인터뷰를 진행한 연구 보조자를 더 매력적으로 평가했기 때문이었다. 흔들다리를 건너던 실험 참가자들은 연구 보조자들이 설문을 위해 다가갔을 때, 심장이 빨라진 것이 환경 탓이 아니라 이성의 매력도에 의한 것이라고 판단한 것이다. 그래서 흔들다리에서 전화번호도 더 쉽게 받고, 또 나중에 전화도 더 많이 하게 된 것이라 해석할 수 있다.

  우리는 매력적인 사람을 만났을 때 가슴이 뛰기도 하지만 가슴이 뛸 때 만난 사람을 매력적으로 느끼기도 한다. 칼바위에서의 나는 직접 아내의 가슴을 뛰게 만들지는 못했지만, 그녀의 가슴이 뛸 때 옆에 있기 때문에 매력적으로 보일 수 있었다.

  만약 내가 이 실험을, 아내를 만나기 전에 알았다면 어땠을까? 일부러 그녀를 데리고 가슴이 뛸 만한 위험한 곳으로 데리고 가지 않았을까? 절벽 탐험은 아니더라도 롤러코스터 정도는 함께 탔을 것 같다.

  그런데 지금 아내와 함께 다시 북한산 칼바위에 올라도 아내에게

내가 매력적으로 보일까? 물론 아내와 함께한 시간이 오래되어 매력적으로 여겨지지 않을 수도 있다. 하지만 이것을 리츄얼Ritual로 만들면 달라진다. '의식' '의례'를 뜻하는 리츄얼은 심리학에서 긍정적인 기억과 연관시켜 특별한 의미를 부여하게 되는 반복 행동을 말한다. 아내와 함께 북한산에 오르는 것을 리츄얼로 삼으면, 둘이 산에 오를 때마다 행복한 느낌을 만끽할 수 있을 것이다.

지금까지 우리는 몸과 마음의 관계에서 마음이 우선이라고 생각해왔다. 그래서 늘 무엇인가 변화를 꾀할 때 '결심'을 한다. 먼저 마음을 먹고 그것을 행동으로 옮기려고 한다. 하지만 늘 몸은 마음을 배신한다. 결심은 오래가지 못하고 곧 예전의 원치 않는 행동을 되풀이한다. 다이어트하기로 굳게 마음먹은 지 하루도 지나지 않아 폭식을 일삼고, 담배를 끊고자 맘먹지만 술자리에서 저절로 손이 간다.

어쩌면 꽤 많은 경우 '마음 가는데 몸 가는 것이 아니라 몸 가는데 마음 가는 것'은 아닐까? 우리는 본능적으로 알고 있지 않나? 마음이 얼마나 흔들리기 쉽고 속기 쉬운지, 또 몸에게 얼마나 많이 끌려다니는지를 말이다. 그래서 많은 여성들은 기분이 울적할 때 쇼핑을 하고, 성적이 부진한 스포츠 스타들은 흐트러진 마음을 가다듬기 위해 삭발을 한다.

그렇다면 우리는 일정한 '의식'과 '의례'로서 행동을 규제하면 변덕스럽고 종잡을 수 없는 마음을 적절하게 제어할 수 있지 않을까? 예를 들어, 어질러진 책상을 잘 정리하는 행동만으로도 일이나 공부에서 멀어진 마음을 다잡을 수 있지 않을까? 나는 이 책에 소개한 수많은 심리 실험을 정리하며 그것이 가능할 뿐 아니라 매우 유용하다는 사실을 독자 여러분과 나누고자 한다.

양복을 입으면 절도 있던 신사가 예비군복을 입으면 속칭 '개'로 변한다. 마음이 먼저 변한 것이 아니라 몸을 둘러싼 환경을 변화시키자 마음이 변한 것이다. '유니폼'은 그런 역할을 한다. 일본 프로야구 출신의 메이저리거 이치로는 타석에 들어서면 늘 똑 같은 행동을 취한다. 오른손으로 배트를 투수에게 겨누고 왼손으로 오른쪽 어깨의 옷을 추켜올린다. 그리고 배트를 둥글게 돌려서 타격포즈를 취한다. 그런 행동을 통해 심리적 안정과 집중력을 강화한다. 이처럼 변덕스런 마음을 사로잡기 위해 '몸에서 먼저 느끼는 것을 마음으로 옮기는 것', 그것이 리츄얼이다.

새해를 맞아 담배를 끊고 싶은가? 다이어트를 하고 싶은가? 외국어공부를 지속하고 싶은가? 무언가 이루기를 원하는가? 이 책과 함께 당신만의 리츄얼을 만들라. 당신이 원하는 결과를 얻게 되리라 확신한다.

차례

들어가며_ 흔들다리에서 만납시다 :: 6

제1장_ 먼저 행동하라, 마음은 따라온다 :: 15
행복해서 웃는 걸까, 웃어서 행복한 걸까? 머리를 위아래로 끄덕이며 마신 커피와 좌우로 흔들며 마신 커피는 왜 맛이 다를까?

제2장_ 사람을 얻고 싶다면 닮은 점부터 만들라 :: 45
닮는 것은 최고의 아첨이다. 닮는 것만큼 사람을 얻기 쉬운 방법도 없다. 닮으면 왜 선호도가 높아지는 걸까? 더 나아가 왜 닮으면 신뢰도까지 높아지는 걸까?

제3장_ 달라지고 싶지만 따라 하는 사람들 :: 69
광고 카피 중 남들이 모두 "예"라고 말할 때 "아니오"라고 말할 수 있는 사람이 되라는 것이 있었다. 하지만 우리는 왜 그렇게 못하는 것일까?

제4장_ 돈의 심리적 위력 :: 89
수많은 사람이 돈 때문에 울고 웃는다. 공부를 하는 이유도, 대학에 가는 이유도, 직장을 잡는 이유도 돈 때문인 것 같다. 그렇다면 돈의 힘은 어느 정도일까?

제5장_ 남의 떡이 더 커 보여? :: 103
남이 떡이 커 보이고, 사촌이 땅을 사면 배가 아픈 것이 우리의 마음이라고 한다. 내가 정말 못된, 아니 못난 사람이라 그런 걸까?

제6장_ 마지막 초콜릿이 더 맛있어 :: 117
뭐든지 마지막이라면 갑자기 가치가 올라간다. 마지막이 더 좋아 보이는 이유는 무엇일까? 그 마음을 내 마음대로 조절할 수는 없을까?

제7장_ 나는 물만 먹어도 살이 쪄 :: 139

비만의 위험을 경고하는 메시지가 늘어나고 있지만, 비만인의 비율은 줄어들지 않는다. 우리 마음속에 다이어트를 방해하는 요인이 있는 건 아닐까?

제8장_ 빨간색의 치명적인 매력 :: 157

빨간색 옷을 입은 여성은 더욱 매력적으로 보이고, 빨간색 글자를 보면 순간적으로 힘이 난다. 도대체 왜 이런 일이 벌어질까?

제9장_ 명작 옆에선 무엇이든 명작이 된다 :: 171

흥미롭게도 명작 옆에 있는 것은 뭐든지 멋져 보인다. 명작을 활용하면 사람이건 사물이건 긍정적 효과를 얻을 수 있을까?

제10장_ 생각하는 동물, 생각 없이 사는 동물 :: 187

인간은 생각하는 동물이라고 한다. 그런데 주변을 둘러보면 생각 없이 사는 사람들이 더 많아 보인다. 우리는 정말 생각하는 동물이 맞을까?

작은 리츄얼 이야기 :: 209

작은 정성, 큰 효과 | 사람들은 거울 앞에서 더 바람직한 행동을 할까? | 첫인상에 필요한 시간 0.1초 | 나는 소망한다 내게 금지된 것을 | 불확실성의 즐거움 | 작은 신체 접촉의 힘 | 낯설음과 공감대

나가며_ 일단 리츄얼부터 만들라 :: 248
주석 :: 250

제1장

먼저 행동하라, 마음은 따라온다

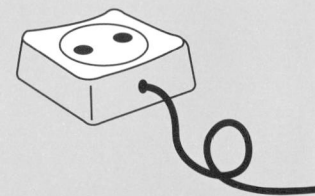

마음이 먼저일까 행동이 먼저일까? 정신이 육체를 지배한다는 말도 있을 정도로 우리는 마음의 힘을 믿는다. 하지만 몇몇 심리학 실험들은 우리 마음이 육체의 움직임, 즉 행동에 의해 움직일 수도 있다는 것을 보여준다. 행동이 일어나면 근육이 반응하고, 근육이 움직이면 뇌가 반응해서 결국 마음을 움직인다는 것이다.

예를 들어 머리를 위아래로 끄덕이며 마신 커피와 좌우로 움직이며 마신 커피의 맛이 다르게 느껴질 수 있다. 똑같은 그림인데 단지 머리를 위아래로 끄덕이는지 좌우로 흔드는지에 따라 다르게 보이기도 한다. 이렇게 우리의 마음은 몸을 따라다니기도 한다. 그리고 이런 우리 몸의 힘을 이용하는 것이 바로 리츄얼이다.

행동을 따라가는 이상한 마음

웃을까 말까, 웃을까 말까……. TV에서 우연히 인도에서 유행한다는 '웃음클럽Laughing Club'에 대한 방송을 보고, 나도 따라 웃을까 말까를 고민했다. 인도의 뭄바이에서는 전통적인 요가를 웃음과 접목시켜 일부러 웃게 만드는 프로그램이 유행하고 있다고 한다. 이 웃음클럽은 회원들의 호응도가 좋아 뭄바이에서만 20개가 넘는 웃음클럽이 성행하고 있었다. 힘든 일로 가득한 인생이지만 억지로라도 웃으면 기분이 좋아지고 건강도 좋아진다는 것이 웃음클럽의 메시지였다. 나름 맞는 말인 것도 같아서 따라 할까를 고민했지만 끝내 하지는 않았다. 마음이 행복해야 웃음이 절로 나오지, 억지로 웃어서는 행복해질 것 같지 않아서였다.

그에 대해서는 까맣게 잊고 있던 며칠 전이었다. 책의 원고를 마무리해야 하는데 더 이상 글이 써지질 않았다. 글재주가 없는 나는, 글을 쓰다 한 번 막히면 꽤 오랜 시간 동안 꼼짝을 못하는 스타일이다. 이래저래 아무것도 못한 채 2주일을 그냥 허비한 뒤, 스스로에게 화가 머리끝까지 치밀어 올랐다.

그러다가 우연히 인도 웃음클럽의 재방송을 보게 되었다. 더 이상 진전이 없는 글쓰기에 지친 나머지 미친 척하고 웃음을 따라해 보았다. 입을 크게 벌리고, 허리를 구부리고, 손을 무릎 위에 대고, 큰소리로 "하하하, 헤헤헤, 호호호……" 하며 방송을 따라 했다. 오래하지도 않았다. 30초 남짓 큰소리로 웃자 갑자기 기분이 좋아지기 시작했다. 상쾌한 기분이 느껴지며 '뭐, 별것도 아니었잖아.' 하는 생각이 들었다. 마치 산에 올라가서 큰소리로 '야호'를 외쳤을 때와 비슷한 느낌이었다.

이렇게 인도의 웃음클럽을 따라 한바탕 가짜 웃음을 터트리고 나자 다시 글이 써지기 시작했다. 마치 막힌 하수도가 뚫린 것처럼 그냥 글이 술술 풀렸다.

이런 일련의 과정을 겪고 나니 의문이 들기 시작했다. 억지로 웃는 것이 효과가 없다고 생각했는데 의외로 효과가 있었다. 그렇다면 마음보다 행동이 먼저인 걸까? 일반적으로는 우리는 마음이 선행한다고 생각하는데, 그것은 당연하다. 마음이 있어야 의도가 생기고, 의도가 있어야 행동을 하기 때문이다.

그러나 이번에 내가 따라 한 웃음클럽을 보면 반드시 그런 것은 아닌 것 같다. 행동에 따라 마음의 방향이 다르게 작용할 수도 있다는 생각이 들었다. 행동만으로 마음이 달라질 수 있다니? 예를 들어 보자. 나는 행복해서 웃었는가 웃어서 행복해졌는가? 웃었더니 즐거워졌고 일이 술술 풀렸다. 이게 나만 그런 것은 아닌지 의심도 했지만, 자료를 찾자 놀랍게도 이것을 증명한 연구들이 있었다.

행복해서 웃는가, 웃어서 행복한가?

이 의문은 꽤나 오래된 것이다. 그런데 우리는 대부분 행복해야 웃는다고 생각한다. 왜냐하면 논리적으로 봤을 때, 무언가 원인이 있어야 웃음이라는 결과가 나올 수 있기 때문이다. 그러나 웃음 치료사들은 억지로라도 웃으면 행복해질 수 있다고 주장한다. 실제로 이와 같은 웃음 치료는 오래 전부터 심리 치료의 하나로 사용되고 있다.

이 오래된 의문을 풀기 위해 맨하임 대학교의 프리츠 스트랙Fritz Strack 등의 학자들이 아주 흥미로운 실험을 했다.[2] 일명 '이빨로 볼펜 물기' 실험이다.

스트랙은 일리노이 대학교의 남녀 대학생 92명에게 억지로 웃는 행동을 하게 했다. 실험 참가자들은 자신들이 무슨 실험을 하는지 몰라야 하므로, 참가자들에게는 미리 평소 잘 쓰지 않는 신체 부위를 이용해 어떻게 다양한 작업을 할 수 있는지 살펴보기 위한 실험이라고 말했다.

  이후 실험 참가자들을 3개의 그룹으로 나누어, 첫 번째 그룹에게는 펜을 입술로 물게 하고, 두 번째 그룹에게는 펜을 이빨로 물게 하고, 세 번째 그룹에게는 평소 사용하는 손이 아닌 반대 손으로 펜을 잡게 했다. 이 중 펜을 이빨로 물게 하는 것은 아래쪽 사진과 마찬가지로 자연스럽게 웃는 근육을 활성화시켜 마치 웃고 있는 것처럼 보인다.

  이렇게 실험 참가자들을 3개의 그룹으로 나눈 후, 참가자들에게 4개의 만화를 보여주고 나서 이 만화가 얼마나 재미있는지를 평가하게 했다. 실험 결과는 매우 흥미로웠다. 실험 참가자들 중 펜을 입술로 물었던 참가자와 평소 자신이 사용하지 않는 손으로 잡고 있던 참가자보다 이빨로 물고 있던 참가자들이 4종류의 만화에 대해 더 재미있다고 느끼는 것으로 나타났다. 단지 펜을 이빨 사이에 물고 있었을 뿐인데 동일한 대상(만화)을 더 재미있는 것으로 인지한 것이다. 왜 이런 일이 일어났을까?

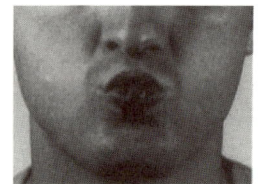
입술로 펜을 문 경우

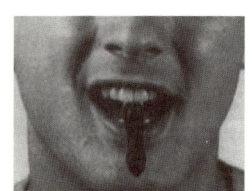
이빨로 펜을 문 경우

근육 변화에 따라 마음이 움직인다

이 결과를 보고 연구진은 펜을 이빨사이에 물고 있을 때 주어진 대상을 더 좋아하게 되는 현상을 '안면 피드백 가설Facial feedback hypothesis'이라고 명명했다. 이빨 사이에 펜을 물면 평소에 사용하지 않던 근육이 움직이게 되는데, 이 근육은 웃을 때만 사용하는 것이다. 그런데 웃을 때에만 사용하는 근육을 쓰면서 사물을 보면, 마치 웃으면서 사물을 보는 것과 같은 상태가 된다. 실제로 행복하고 즐거운 마음 상태는 아니지만 얼굴 근육이 웃을 때와 같이 움직이고 있다면, 이때 보는 대상을 더 좋게 느낀다는 것이다.

이 연구는 이후 인간은 행동의 변화에 따라 인지 과정도 변화한다는 것을 증명하는 연구의 시발점이 되었다. 이렇게 작은 행동 변화에 따라 인식, 태도 등이 함께 변화하는 것을 심리학에서는 체화인지Embodied Cognition라고 부른다. 단어를 풀어보면 '형태가 부여된 embodied' + '인식 또는 사고cognition'다.

작은 행동 변화가 복잡하고 고등한 인지 과정에 영향을 미치는 것이다. 체화인지를 한마디로 정의하면 "몸 가면 마음도 간다."는 것이다. 즉 생각의 변화에 행동이 변화하는 것뿐만 아니라 행동 변화에 따라 생각 역시 변화한다는 것이다.

우리는 오랫동안 인간의 마음에 관심을 갖고 있었다. 심리학의 기본은 인간의 마음을 이해하고, 이것이 행동에 어떤 영향을 미치는지 살펴보는 것이었다. 그러나 최근에 연구된 체화인지는 이와는 반대의 것을 연구했다. 먼저 행동하면 그 행동에 연관된 기억이 활성화되고, 이것과 관련된 것들이 연상되고, 여기에 따라 사고까지 변화할 수 있다는 것을 보여주고 있다.

이후 로버트 소시냔Robert Soussignan은 웃음과 감정 경험에 대한 연구에서 웃는 표정이 '진짜 웃음'에 가까울수록 더욱더 사람들이 즐거워하고 기뻐한다는 것을 증명하기도 했다.[3]

이상을 통해 우리가 알 수 있는 사실은 웃을수록 더 행복해진다는 것이다. 힘들다고 항상 얼굴을 찡그리고 살 필요가 있는가? 억지로라도 웃으면 세상을 더 즐겁게 살 수 있다. 그리고 이왕 웃을 거라면 진짜처럼 웃어라. 더더욱 행복해질 것이다.

일부러 웃지 못하게 만들면 무슨 일이?

이번에는 내가 아닌 다른 사람의 감정을 판단할 때, 우리의 행동이 우리의 판단에 어떤 영향을 미치는지 살펴보자. 우리는 다른 사람의 감정을 어떤 방법으로 인식하는 걸까? 우리는 그 사람의 얼굴에 드러나는 표정을 보면서 지금 무슨 감정을 느끼는지 알 수 있다고 생각한다. 그 사람의 감정을 가장 잘 드러나는 것이 바로 얼굴이기 때문이다. 그런데 우리가 다른 사람의 감정 상태를 판단할 때, 나의 상황에 전혀 관계없이 객관적으로 판단하는 것일까? 내 상황을 기초로 해서 상대방을 판단하는 것은 아닐까?

남가주 대학교의 데이비드 닐David Neal과 타냐 차트랜드Tanya Chartrand는 만약 보고 있는 사람의 얼굴을 움직이지 못하게 만들면, 상대방의 감정을 제대로 판단할 수 있는지에 대해 궁금해했다. 그래서 그들은 이와 관련된 흥미로운 실험을 해보기로 했다.[4] 닐과 차트랜드는 사람들의 얼굴에 보톡스를 주사해 강제로 얼굴 근육을 움직이지 못하게 하거나 접착제를 이용해 더 많이 움직이게 하면 어떤 일이 벌어지는지 알아보기로 했다. 실험은 크게 2가지로 진행되었다.

먼저 보톡스 시술을 원하는 여성 환자 31명을 실험 그룹과 통제 그룹으로 나누어 눈으로 정서를 파악하는 테스트RMET, Reading the Mind in the Eyes Test를 시행했다. 실험 그룹은 보톡스를 시술받았고, 통제 그룹은 보톡스보다 효과가 낮은 레스틸렌을 시술받았다. 이들 시술은 양미간이나 눈가의 잔주름에 진행되었다. 시술을 받고 1~2주가 지난 후 테스트가 시행되었다. 테스트는 컴퓨터를 통해 다양한 표정이 담긴 사진을 보여주고, 그 사진에서 어떤 감정이 느껴지는지 감정의 정확도를 평가하는 형식으로 이루어졌다. 결과는 어떻게 되었을까?

보톡스를 맞은 그룹이 그렇지 않은 그룹보다 사진 속 인물의 감정을 정확히 파악하지 못하는 것으로 나타났다. 보톡스를 맞은 그룹이 감정 파악을 70퍼센트 정도 한 것 비해, 레스틸렌을 맞은 그룹의 감정 파악은 77퍼센트 정도였다. 거기에 더해 감정을 파악하는 데 걸리

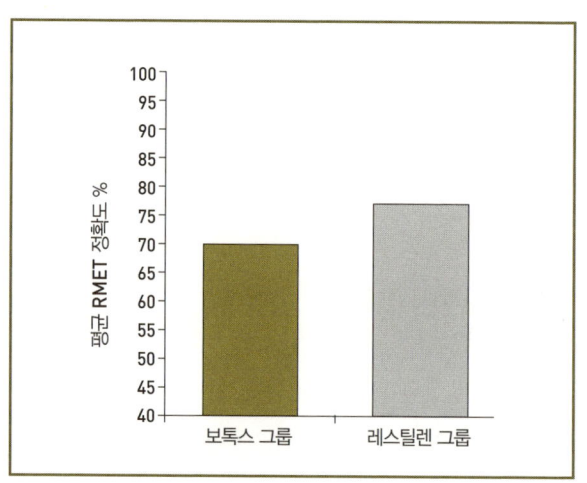

는 시간도 더 긴 것으로 나타났다.

보톡스 시술은 양미간이나 눈가의 잔주름을 강제로 없애는 것이다. 양미간이나 눈가의 잔주름은 웃거나 울거나 화나거나 즐거움 등 감정을 표현하는 대표적인 얼굴 근육이다. 이렇게 자연스럽게 감정을 표현하는 얼굴 근육을 보톡스를 이용해 강제로 못 움직이게 했더니, 타인의 얼굴표정을 읽어내는 능력이 떨어지게 된 것이다.

얼굴 근육을 억지로 움직이면?

첫 번째 실험을 통해 얼굴 근육을 못 움직이게 하면 상대방의 정서를 파악하는 능력이 현격히 떨어진다는 것을 발견한 닐과 차트랜드는 얼굴 근육을 일부러 더 움직이게 하면 상대방에 대한 정서파악 능력이 증가할까 하는 의문을 가졌다. 이 궁금증을 해결하기 위해 그들은 다른 실험을 진행했다. 이번에는 인체에 무해한 접착제를 이용해 일부러 근육에 더 많은 자극을 주는 방법을 사용했다. 과장된 표정을 짓거나 과장되게 움직이게 하는 것도 가능하겠지만, 이는 자칫 불필요한 정서를 활성화시킬 수 있었다. 그래서 접착제만을 이용해 얼굴 근육에 조금 더 많은 자극을 주는 방법을 택했다.

총 95명의 사람들이 실험에 참가했다. 이들 중 50퍼센트에게는 이마에 접착제를 발라 이마 근육에 자극을 주었고, 나머지 사람들에게는 팔에 접착제를 발라 팔 근육에 자극을 주었다. 약 10분 지나고 이 접착제가 모두 마른 후 본격적인 실험이 시작되었다. 이들에게는 3가지의 과제가 주어졌는데, 컴퓨터 사진을 통해 눈으로 상대방의 정서를 파악하는 테스트RMET는 기본적으로 진행되었고, 여기에 더해 음성을 듣고 정서를 파악하는 테스트RMVT, Reading the Mind in the Voice Test와 수학 문제 풀이 테스트MA, Modular Arithmetic가 추가되었다. 실험 결과는 다음 페이지의 그래프와 같았다.

이마에 접착제를 발라 이마 근육에 자극을 준 그룹이 팔 근육에 자극을 준 그룹에 비해 컴퓨터 사진을 통해 상대방의 정서를 판단하거나 목소리를 통해 판단하는 테스트와 수학 문제 풀이 테스트 모두에서 높은 정확도를 기록했다. 강제로 얼굴 근육에 자극을 주자 상대방의 정서를 파악하는 능력이 증가한 것이다. 더군다나 수학 문제를 푸

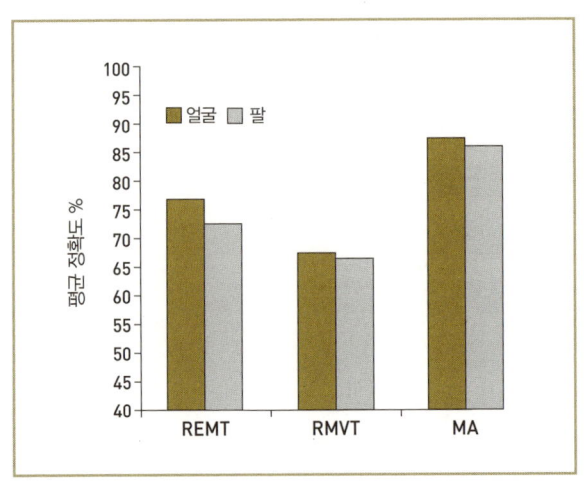

는 능력까지 일정 부분 상승했다. 상대방의 정서 파악뿐만 아니라 문제 풀이 능력까지 높아진 것은 얼굴 근육이 인지 작용에 보다 직접적인 영향을 주는 위치이기 때문이다.

여기서 우리가 확실히 알 수 있는 것은 다른 사람의 정서에 대한 판단에 나의 상태가 많은 영향을 끼친다는 것이다. 내 얼굴 근육의 상태에 따라 다른 사람의 정서에 대한 판단이 달라진다. 결국 가장 중요한 판단 기준은 바로 나에게 있다고 볼 수 있다.

몸과 마음의 관계

게일 톰Gail Tom과 그의 동료들은 우리 신체의 미묘한 행동 차이가 생각이나 감정에 어떤 영향을 끼치는지를 연구했다.[5] 이들은 머리를 끄덕이는 것과 같은 단순한 행동이 우리 마음을 어떻게 변화시키는지가 궁금했다. 그래서 다음과 같이 가정해봤다.

머리를 위 아래로 끄덕이면 '예Yes' 개념이 활성화되어 눈앞의 제품이 더 좋아 보일 것이고, 머리를 좌우로 흔들면 '아니오No' 개념이 활성화되어 눈앞의 제품이 덜 좋아 보일 것이다.

이 가정은 정말 맞는 것일까? 그들의 실험을 따라가 보자.

이들은 120명의 실험 참가자들을 대상으로 크게 두 그룹으로 나누었다. 한 그룹에게는 머리를 위 아래로 흔들라고 지시했고, 다른 그룹에게는 좌우로 흔들라고 지시했다. 그런 후 특정 사물을 보여주고 시간이 지난 뒤 얼마나 그 사물을 좋아하는지 측정했다. 역시 무슨 실험인지에 대해 알지 못하게 하기 위해 참가자들에게는 새로 나온 헤드폰을 테스트하는 것이라 말했다. 그들에게 한 그룹은 음악을 들으며 고개를 위아래로 끄덕이라 하고, 다른 그룹은 고개를 좌우로 흔들라고 지시했다. 이 때 각자의 책상 위에는 파란색 또는 와인색 펜을 한 자루씩 놓아두었다. 그리고 얼마 후 책상 위에 놓인 펜에 대한 신호도를 측정했다.

음악듣기가 끝난 후 실험의 본래 목적을 노출하지 않기 위해 헤드폰과 관련된 설문지를 작성하게 한 뒤 설문지와 펜을 수거했다. 그리고 헤드폰 구입할 경우 펜을 한 자루씩 선물로 줄 계획인데 참가자들이 설문지 작성에 사용했던 펜과 조사 장소에는 비치되지 않은 다른

종류의 펜 중 어떤 것을 선물로 받고 싶은지를 물었다

결과는 매우 놀라웠다. 고개를 위아래로 끄덕인 그룹의 73퍼센트가 실험할 때 사용했던 펜을 선호한다고 답했다. 그러나 고개를 좌우로 흔든 그룹에서는 74퍼센트가 실제 보지 못한 다른 종류의 펜을 선택했다. 단지 머리를 어떻게 흔들었느냐에 따라 대상에 대한 선호도가 이처럼 극단적으로 바뀐 것이다.

왜 이런 결과가 나타난 것일까? 고개를 위아래로 끄덕이는 행동은 '예'라는 개념을 활성화시켜, 이때 노출된 펜(사용자에게 노출된 제품)에 대해 긍정적 느낌을 갖게 만든다. 반면 머리를 좌우로 흔드는 행동은 '아니오'라는 개념을 활성화시켜, 펜에 대해 부정적 느낌을 갖게 만든다.

이 연구는 머리를 흔드는 사소한 동작(행동)이 참가자의 태도나 감정 형성에 영향을 주고, 생각을 일정한 방향으로 조절할 수 있음을 보여준다. 다시 말해, 작은 행동 변화에 따라 자신도 모르는 사이에 생각이나 태도가 바뀔 수 있다는 것이다.

그렇다면 우리의 삶을 살펴보자. 생각에 영향을 미치는 작은 행동을 계속하고 있지 않을까? 어떤 사람은 항상 웃는 표정을 짓고, 어떤 사람은 항상 근엄한 표정을 짓고 있다. 별 차이가 아니라고 생각하기 쉽지만 웃는 표정의 사람은 긍정의 결과를 계속 만드는 것이다. 이 둘의 차이가 얼마나 클지, 앞 실험의 결과를 떠올리며 다시 생각해보라.

행동이 창의성을 지배한다

앞에서 설명한 것처럼 체화인지는 몸의 움직임에 따라 생각이 변하는 것이다. 이에 따르면 몸이 움직이는 방향대로 사고와 기억과 정서가 변할 수 있다. 그렇다면 창의성과 관련된 특정 행동을 했을 때 창의성의 더 잘 발현될 수 있을까? 만약 그게 사실이라면 직장이나 학교에서 창의성과 관련된 행동을 강화시킬 경우 창의성이 높아질 것이다.

이 질문에 답하기 위해서 안젤라 리앙Angela Leung과 그의 동료들은 창의성과 관련된 행동을 선행시키고, 이후 그 행동이 창의성 발현에 얼마나 큰 영향을 끼치는지를 살펴보았다.[6] 예를 들어, 상자 안에 있는 사람들과 상자 밖에 있는 사람들은 창의성이 차이가 있을까? 시킨 대로 행동하는 사람들과 자유롭게 행동하는 사람들 사이에는 창의성에 차이가 있을까? 다음 실험들이 이 질문에 답을 해줄 것이다.

실험1 한 손만 쓸 것인가 양손을 모두 쓸 것인가

어느 문화를 막론하고 하나의 측면만 바라봐서는 창의성이 발현되기 어렵다. 항상 두 가지 측면을 동시에 바라보는 능력이 필요하다. 하나의 측면에서만 바라보는 것이 아니라, 또 다른 측면에서도 바라보는 자세와 능력이 필요한 것이다.

연구자들은 이 점에 착안해, 한 손으로 행동하는 것과 양손으로 행동하는 것이 창의력의 차이를 만들어낼 것이라 가정했다. 만약 실험

	생각의 양	생각의 질
한 손 사용 그룹	7.2	1,036
두 손 사용 그룹	11.7	673

* 생각의 양은 클수록 우수하며, 생각의 질은 점수가 낮을수록 우수함.

참가자가 한 손만 사용한다면 하나의 측면만 활성화시키는 것이고, 양손을 같이 사용한다면 두 가지 측면을 활성화시킨다는 의미가 될 수 있기 때문이다.

총 40명의 실험 참가자들을 두 그룹으로 구분해, 대학교 내 건물을 새로운 용도로 어떻게 사용할 수 있는지에 대해 발표하게 했다. 이때 한 그룹은 한 손만 사용하게 했고, 다른 한 그룹은 양손 모두를 사용할 수 있게 했다. 그 결과, 한 손만 사용하게 한정한 그룹보다 양손을 사용한 그룹이 새로운 용도를 더 많이 생각해 발표하는 것으로 나타났다. 물론 생각의 질, 독창성도 더 훌륭한 것으로 나타났다.

실험2 상자의 안과 밖

실험1도 흥미롭지만, 실험2는 더욱 흥미롭다. 이번에는 102명의 학생을 대상으로 실험을 진행했다. 이들 역시 두 개의 그룹으로 구분했는데, 한 그룹은 가로×세로×높이 1.5미터 크기의 상자 안에 들어가 창의력 테스트를 받았고, 다른 한 그룹은 상자 밖에서 창의력 테스트를 받았다. 창의력 테스트는 3개의 단어를 본 후, 이들 3개 단어로부터 유추되는 네 번째 단어를 말하는 것으로 측정했다. 예를 들어 "측정, 벌레, 비디오, 그다음에 들어갈 단어는 무엇인가?"와 같은 질문이 제시되었다. 이들 3개의 단어로부터 유추되는 네 번째 단어가 타당하면 타당할수록 더 창의성이 높다고 판단할 수 있다. 물론 평가는 연구자들이 진행했다. 결과는 어떠했을까?

상자 밖에서의 창의성 점수 평균=6.73
상자 안에서의 창의성 점수 평균=5.08 (p<.001)

예상한 대로 상자 밖에 있는 참가자들의 창의성 평가지수가 훨씬 더 높게 나왔다. 단지 상자 밖에 있는 것만으로도 창의성이 증가하고, 상자 안에 갇혀 있으면 창의성이 감소한 것이다.

실험3 규격화된 걷기와 자유로운 걷기

실험3은 실험2와 유사하게 진행되었다. 이번에는 참가자들을 3개의 그룹으로 나눴다. 첫 번째 그룹은 실험실에서 자유롭게 걸어 다니게 했고, 두 번째 그룹은 실험실 바닥에 있는 사각형의 줄을 따라 걷게 했고, 세 번째 그룹은 자리에 앉은 채로 응답하게 했다. 창의성 측정은 애매한 형태의 그림을 보여준 뒤 그림에 대해 어떻게 설명하느냐에 따라 이루어졌다. 결과는 어떠했을까?

자유롭게 걸어 다닌 그룹 평균=6.24

일정 지역을 걸어 다닌 그룹 평균=5.68

자리에 앉아 있는 그룹 평균=5.52(p<.01)

실험실 바닥에 앉아 있거나 줄을 따라 걷는 그룹의 참가자들은 창의성 평가지수가 낮게 나온 반면, 자유롭게 걸어 다녔던 참가자들은 창의력 평가지수가 훨씬 높게 나왔다.

실험4 아바타도 나에게 영향을 미칠까?

실험1~3은 실제 신체 움직임을 통해 마음이 어떻게 움직이는지 살펴보았다. 여러 실험을 통해, 몸의 움직임에 따라 마음이 변화할 수 있다는 것이 증명되었다. 그렇다면 가상의 세계에서는 어떤 효과가 나타날까?

인터넷의 가상공간에서는 아바타라는 것이 있다. 아바타는 실제의 나를 대신해서, 인터넷 가상공간에서 움직이는 또 다른 나다. 실제의 내가 아니라, 인터넷 공간에서의 내가 하는 활동에 따라서도 마음이 변화할 수 있을까?

따라서 실험4에서는 인터넷 공간에서의 체화인지 효과에 대해 검증하기로 했다. 실험 참가자들은 가상 세계 시뮬레이션 게임인 〈세컨드 라이프Second Life〉에 아바타를 만들어서 테스트를 치렀다. 실험3과 비슷하게 이들을 두 그룹으로 나누어 한 그룹에게는 아바타에게 직사

각형 길을 따라 걷게 하고, 또 한 그룹에게는 아바타에게 자유롭게 걷게 했다. 이때 실험 참가자들은 자신이 진짜 아바타가 된 것처럼 상상하도록 했다. 결과는 다음과 같이 나타났다.

자유롭게 걸어 다닌 그룹 평균=5.71
일정 지역을 걸어 다닌 그룹 평균=7.00(p<.001)

그런데 이번에는 자유롭게 걸어 다닌 그룹의 평균 점수가 낮게 나왔다. 그 이유는 이번 실험에서의 창의성 평가는 전문 평가자가 응답자의 기입 내용을 보고 창의성 수준을 평가했기 때문이다. 이때 1점이 가장 창의적인 점수이며, 10점이 가장 평범한 점수다. 따라서 이번 실험에서의 점수는 낮으면 낮을수록 창의성의 질적 수준이 더 높다고 해석할 수 있다. 결국 자유롭게 걸어 다닌 그룹이 더 창의적이었던 것이다.

실험5 재조합하는 행동의 영향력

실험5는 분리된 내용물을 재조합하는 행동이 얼마나 창의성에 영향을 끼치느냐를 측정하려는 목적으로 시행되었다. 실험 참가자들을 두 그룹으로 나누어 각기 다른 과제를 주었다. 일단 둥근 컵받침을 반으로 잘라서 쌓아놓은 뒤, 첫 번째 그룹에게는 2분 동안 가운데로 옮기는데 양손을 써서 재조합하면서 옮기도록 하였다. 두 번째 그룹에게는 재조합하지 않고 가운데로 옮기기만 하도록 지시하였다. 그리고 양손을 이용하여 가운데로 조합하면서 옮긴 그룹과 재조합하지 않고 옮기기만 한 그룹 간에 창의력에 차이가 있는지 테스트했다.

재조합 행동 그룹 평균=2.78
무작위 행동 집단 평균=1.92 (p<.01)

예상대로 양손을 써서 양쪽의 컵받침을 재조합하는 행동을 지시받은 사람들의 창의력이 더 높은 것으로 나타났다. 아주 간단한 행동이지만, 양손을 써서 조합한 집단의 창의력이 더 높아진 것이다.

생각만으로 창의성을 높이기는 어렵다. 책상 앞에 앉아 창의성을 올리기 위해 고민해봐야 소용없다. 스스로 자유로운 환경으로 나아가 자신에게 걸려 있는 제약을 걷어낼 때 창의성이 발현될 수 있다. 창의성과 관련된 실험은 몸과 마음이 따로 떨어져 있는 것이 아니라, 하나로 연결되어 있다는 것을 잘 보여준다. 따라서 우리는 '머리 따로 몸 따로'라고 생각해 각각을 분리하기보다는 함께 움직여야 더 높은 효과를 얻을 수 있을 것이다.

이러한 체화인지에 대한 연구는 여기에 소개된 것 이외에도 다양한 실험이 있다. 이 실험들은 몸을 따라 움직이는 마음을 잘 보여준다.

존 카시오포John Cacioppo 등의 연구에 따르면, 팔을 안으로 구부리니냐 밖으로 뻗느냐에 따라 충동구매의 정도가 달라지는 것이 확인되었다.[7] 팔을 안으로 구부리는 행동을 한 그룹은 더 많은 충동구매를 했고, 팔을 밖으로 뻗는 행동을 한 그룹은 충동구매의 정도가 낮게 나타났다. 팔을 안으로 구부리면 수용성에 대한 개념이 활성화되고, 팔을 밖으로 뻗으면 거부감에 대한 개념이 활성화되기 때문에 충동구매에도 영향을 끼치는 것이다.

로렌스 윌리암스Lawrence E. Williams 등 역시 매우 흥미로운 연구를 진행했다.[8] 연구자들은 단순한 온도 차이에 따라 타인에 대한 평가가 달라진다는 것을 증명했다. 한 그룹은 따듯한 차를 손에 쥐게 했고, 다른 그룹은 차가운 차를 손에 쥐게 했다. 그리고 마주앉은 사람에 대한 평가를 내리도록 했다. 그 결과 따듯한 차를 손에 쥐고 있던 참가자들은 상대방에 대한 평가가 긍정적이었으나, 차가운 차를 손에 쥐고 있던 참가자들은 그 반대의 결과를 보였다. 이 또한 온도 지각에 따라 타인에 대한 평가가 바뀔 수 있다는 점을 보여준다.

무게와 중요성

우리는 앞의 연구들을 통해 행동이 사람의 마음에 직접적이고 선행적으로 영향을 미친다는 사실을 알게 되었다. 그렇다면 행동이 마음의 변화만을 일으키는 역할만 할까? 좀 더 큰 변화를 불러오지는 않을까? 행동의 차이가 마음의 변화뿐 아니라 신념의 변화에도 영향을 끼치는지 살펴보자.

암스테르담 대학교의 닐스 조스트맨Nils Jostmann은 육체적으로 느껴지는 '무게'가 그 대상에 대해 지각하는 '중요성'에도 영향을 미칠 것이라고 가정했다.[9] 무거운 것을 들면 해당 물건이 중요하다고 인식하게 되고, 반대로 가벼운 것을 들면 해당 물건이 그리 중요하지 않다고 인식할 것이라는 가정이다.

닐스 조스트맨이 이런 가정을 하게 된 이유는 다양한 문화권에서 언어적으로 중요도를 표현할 때 '무게'라는 단어를 자주 사용하고 있기 때문이었다. 그것은 영어권이든 중국어권이든 스페인어권이든, 대부분의 나라에서 비슷하게 사용하는 비유였다. 예를 들어, "수많은 지지자들이 그의 주장에 무게를 실어주었다."라는 표현에서 '무게'는 신뢰감과 중요도에 더 근접한 것을 의미한다. 반면 "가벼운 행동으로 오해를 사고 있다."라는 표현에서 '가벼움'은 신뢰와 중요도가 낮은 것을 의미한다. 이렇게 대부분의 나라에서 '무게'의 표현이 비슷하게 사용되는 것을 봤을 때, 인간은 그 대상의 중요도를 인식할 때 무게를 연관시킨다는 것이라는 게 그의 가설이다.

그렇다면 왜 이렇게 무게에 따라 인지되는 중요도가 달라지는 것일까? 그것은 무거운 것과 가벼운 것에 대하여 우리가 지불해야 하는 노력의 양이 다르기 때문이다. 무거운 것을 들 때는 신체적으로도 정신적으로도 더 많은 노력을 들여야 한다. 더 많은 힘을 써야 하고, 육체적인 위험도 더욱 증가하게 된다. 그래서 무거운 물체를 들 때는 더 신경을 써야 한다고 무의식적으로 생각한다. 반면 가벼운 물체는 상대적으로 힘을 덜 쓰게 되고, 육체적인 위험도 낮다. 따라서 가벼운 물체는 덜 까다롭고 더 편한 대상으로 인식한다. 이런 반복적인 육체적 학습 속에서 무거운 물체가 더 중요하다는 인식을 자동적으로 갖게 된 것이다.

이런 반복적이고 육체적인 학습의 결과는 뇌의 '감각운동 피질'에 저장된다. 무거움을 느끼는 뇌의 특정 부위가 자극을 받게 되면, 이미 저장되어 있는 중요성을 판단하는 뇌의 부위도 동시에 활성화된다. 즉 무게를 지각하게 되면 특정 뇌 부분이 활성화되고, 여기에 연결되어 있는 중요성을 판단하는 뇌의 신경도 같이 활성화된다. 따라서 무게를 지각만 해도 중요도가 자동적으로 활성화될 수 있다는 것이다.

실험에는 40명의 학생이 지원했다. 이들을 크게 두 그룹으로 나누어 서로 다른 무게의 서류철을 나눠 주었다. 한 그룹에게는 종이를 꽉 채워 무거운 서류철을 주고, 다른 그룹에게는 아무것도 넣지 않아 가벼운 서류철을 주었다. 그리고 서류철 위에 있는 설문지에 자신의 의견을 작성해달라고 요청했다. 양 그룹의 서류철 무게는 대략 400그램 정도의 차이가 났다. 무게를 더 잘 느끼게 하기 위하여, 설문은 서서 작성하게 했다.

설문 내용은 6개 외국 화폐를 구매할 때 얼마만큼의 유로가 필요한지, 외국 화폐가 얼마만큼의 가치가 있는 것인지 추정하게 했다. 이런 과제 수행에 있어 참가자들이 그들의 의견에 얼마나 일관성이 있고, 확고한지 알아보려는 질문도 함께했다.

결과는 어떠했을까? 역시 무거운 서류철을 들고 설문지를 작성한 그룹은 설문지를 중요하다고 생각해서인지, 설문 내용에 답을 기입할 때 더 많은 시간을 사용해 신중하고 꼼꼼하게 생각한 뒤 작성하는 것으로 나타났다. 흥미로운 것은 설문에 답한 참가자들은 서류철의 무게가 별로 중요하지 않았다고 대답했다는 것이다. 이들 스스로는 무게에 대한 자각이 전혀 없었던 것이다. 하지만 결과적으로 무거운 것을 들고 있음으로 인해 중요도가 활성화되어, 동일한 설문 내용임에도 불구하고 무거운 서류철의 설문지를 더 신중하게 처리하는 것으로 나타났다.

생각이 행동을 따라가는 이유

이렇게 행동에 생각이 따라오는 이유는 무엇일까? 그것은 뇌의 인지 작용과 근육의 작용이 매우 밀접하게 연결되어 있기 때문이다. 근육이 움직이게 되면 이것과 연결된 뇌신경이 활성화되고, 뇌신경과 연결되어 있는 인지 구성체가 활성화되어 사고나 태도에 영향을 끼치기 때문이다. 아래 그림을 보자. 어떤 사람이 '망치'를 잡으면, 망치를 쓰는 것과 관련된 뇌 신경과 인지 구성 영역이 활성화된다. 이때 연쇄적 활성화가 매우 빠르게 이루어진다. 즉 근육이 움직이면 관련된 뇌 부분이 활성화되고, 여기에 연관된 기억과 정서 역시 활성화가 빠르게 이루어진다.

이렇게 먼저 움직이면 생각이 따라온다는 관점은 매우 흥미롭다. 왜냐하면 생각만 중요한 것이 아니라 행동 역시 중요하다는 사실을 보여주기 때문이다. 이때 잊지 말아야 할 것은 그 행동이 긍정적 기억과 연결되어 있어야 한다는 점이다. 긍정적 기억에 연결되어 있는 행동이 선행되어야, 긍정적 기억과 감정이 활성화되기 때문이다.

바로 이 점 때문에 리츄얼이 필요해진다. 리츄얼에는 그룹이 공유

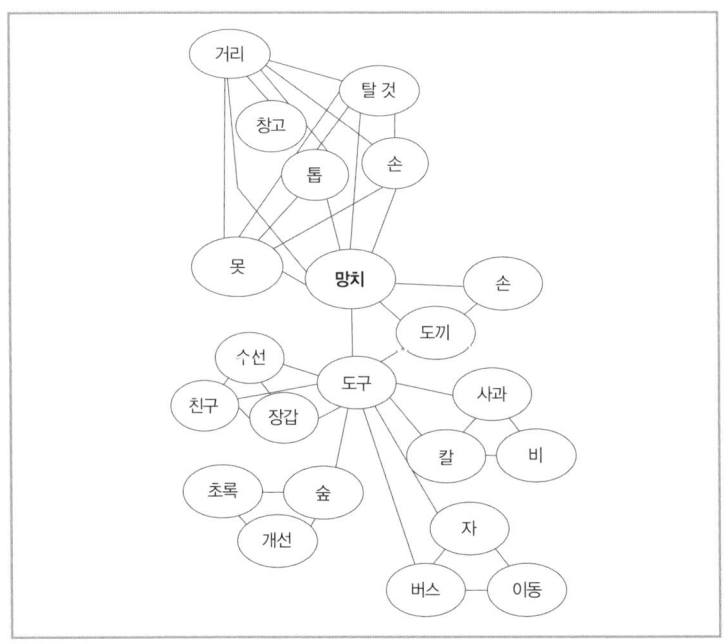

하고 있는 그 그룹만의 행동 양식도 포함된다. 예를 들어, 해병대 출신은 해병대를 다른 어떤 군대보다 사랑한다. 그 이유는 무엇일까? 여러 가지 이유가 있겠지만 그중에 하나가 해병대만의 행동 양식, 즉 리츄얼을 갖고 있기 때문이다. 이들은 박수도 해병대식으로 치고, 머리 모양도 해병대식으로 하고, 다른 군인들이 하지 않는 자신들만의 행동 양식을 갖고 있다. 이처럼 특정 그룹이 자신들만의 리츄얼을 갖고 있으면, 구성원들의 소속감이 증가하고 결속력이 높아지게 된다.

거의 모든 대학은 다른 학교와는 구분되는 행동 양식인 리츄얼을 갖고 있다. 예를 들어 대학 간의 운동 경기에서 학생들은 응원가와 응원 댄스에 의해 순간적으로 하나가 된다. 자신이 게임을 하는 것이 아님에도 불구하고 선수들과 함께 즐거워하고 슬퍼하고 기뻐하고 분노한다. 이 경험을 통해 학생들은 자신의 학교를 더 사랑하게 된다.

이와 같이 리츄얼에 긍정적 정서를 붙이면 여러 가지로 도움이 된다. 리츄얼을 통해 긍정적 감정을 다른 사람에게 전이시킬 수 있기 때문이다.

{ 생각의 확장 }

　생각도 중요하지만, 행동이 더 중요할 수 있다는 교훈을 보여주는 것이 리츄얼이다. 이것을 남녀의 문제에는 어떻게 적용해볼 수 있을까? 남녀의 문제는 인류 100만 년사에서 가장 미묘한 것이다. 어떻게 해야 이성의 관심을 끌 수 있을지는 인류의 가장 오래된 관심사 중 하나다. 몸이 움직이면 마음이 따라온다는 사실을 어떻게 활용할 수 있을까? 이때 역시 필요한 것이 리츄얼이다.
　아내와 나는 둘 사이에 긍정의 리츄얼을 만들었다. 우리는 자주 손을 잡고 걷는다. 우리 집 옆으로는 정평천이라는 작은 개천이 흐르고 있는데, 한가한 저녁이면 식사를 마치고 나서 아내와 나는 손을 잡고 걷는다. 손잡고 걷는 것은 매우 훌륭한 리츄얼이다. 손을 잡으면 서로 떨어져 있던 관계가 이어지게 되고 서로의 온기가 전해진다. 이렇게 걷다 보면 마음이 안정되고 기분도 좋아진다. 즉 우리에게는 손을 잡고 걷는 것이 손뿐만 아니라 마음까지 이어지는 긍정적인 결과로 연결된다. 행동이 사고를 유도하는 셈이다. 부부라면, 연인이라면 두 사람만의 체화인지 프로그램을 준비해보라. 그러면 둘 사이가 항상 행복해질 것이다.

자녀 문제도 이런 관점에서 접근해보자. 아이가 중학교에 들어가면 대화가 없어진다. 남자아이들은 특히 말이 없다. 대개 부모는 현상에 관심이 많은지라 아이의 태도를 나무라기 마련이다. 그러면 상황은 점점 안 좋은 쪽으로 진행된다. 아이는 나무라는 부모의 말을 듣기 싫어 더욱 자기 방에 들어가 혼자 있으려 하고, 부모는 그러지 말라고 다시 나무라게 된다. 이래 가지고는 방법이 없다. 긍정의 선순환을 만들어야 한다.

어떻게 하면 아이가 밖으로 나오게 하고 대화도 하게 할 수 있을까? 기본은 아이와의 유사성, 동질감을 만드는 것이다. 이것만 잘해도 반은 성공했다고 볼 수 있다. 체화인지의 관점을 적용한다면, 긍정적 리츄얼을 만드는 것을 고려해볼 필요가 있다.

나와 내 아들은 공동의 리츄얼을 갖고 있다. 그것은 함께 만화를 보는 것이다. 우리는 특히 판타지 액션 만화를 좋아하는데, 다중 그림자 분신술을 쓰는 주인공의 만화를 특히 좋아한다. 내 방과 아이 방에 그 만화가 각각 수십 권씩 있는데, 다음번 스토리를 예측하는 등 만화에 대한 이런저런 이야기를 하며 마치 친구 관계처럼 아빠와 아들만의 리츄얼을 만들어가고 있다. 리츄얼을 만들면 긍정적 정서가 전이되고, 동질감이 증가한다. 아이와의 관계가 힘들다면 부모와 자녀 간에 자신들만의 독특한 리츄얼을 만들어보라.

가족에게 적용해보았으니 이번에는 기업에 적용해보자. 당연히 기업과 고객, 기업과 기업, 고객과 고객과의 관계라는 측면에서 접근 가능할 것이다. 기업 간의 경쟁은 그 어느 때보다 더 치열해졌다. 출혈 경쟁은 기본이다. 기업의 장기생존을 결정짓는 핵심은 무엇일까? 그것은 누가 더 우량고객을 많이 갖고 있느냐이다. 우량고객을 많이 갖고 있으면 있을수록 기업의 내재 가치, 미래 가치는 증가하게 된다. 그런데 문제는 나만 고객을 확보하려는 것이 아니라 경쟁사도 같은 노력을 하고 있다는 것이다. 고객은 같은 비용이면 더 효용이 큰 브랜드를 선택하게 된다. 따라서 고객이 높은 효용을 느끼는 방법으로 체화인지를 고려해볼 수 있다.

팀버튼이라는 교육회사가 있다. 이 회사는 아카펠라, 댄스, 중창, 샌드매직, 마임과 같은 예술을 이용하여 기업의 팀워크를 증진시키는 교육을 하고 있다. 팀버튼에서 교육을 받은 기업의 재구매율은 80퍼센트를 넘고 있는데, 그 이유는 체화인지에 근거한 리츄얼 효과에 있다. 이 기업은 어떤 리츄얼 효과를 이용하는 것일까? 교육에 참가한 사람들은 일정한 룰에 따라 팀을 구성하고, 비전을 만들고, 협동하고, 과제를 수행하게 된다. 이러한 과정 속에 생각은 배제하고, 몸으로 먼저 성과를 유도해내며, 해당 팀만의 리츄얼을 만드는 과정을 반복하게 한다. 이를 통해 팀으로서의 동질감, 협동심이 생기고, 교육 만족도는 100점 만점에 95점을 넘나들게 된다. 무엇을 한 것인가? 팀버튼에서 기업 교육 참가자들에게 가장 먼저 하는 것은, 생각을 하지 말고 움직이게 만드는 것이다. 그리고 이것을 연결하는 리츄얼을 가미한다. 이런 교육을 받은 교육생들은 팀버튼의 교육에 높은 만족도를 보이게 되고, 결국 재구매로

이어지게 된다.

'라이브의 여제'라고 불리는 가수 이은미 씨. 그녀는 중요한 무대에 오를 때는 항상 맨발이다. 그래서 사람들은 그녀를 '맨발의 디바'라고 부른다. 그녀가 맨발로 무대에 오르는 것, 그것은 그녀만의 리츄얼이다.

1993년 그녀가 마당 세실극장에서 하루 2회씩 11일 동안 콘서트를 할 때였다. 닷새째 되던 날, 목이 잠겨 소리가 나오지 않았다. 자신이 좋아해서 하는 노래인데 왜 이리 아프고 힘들까 생각하며 거울을 보았는데, 거기에는 교만과 허영에 휩싸인 초라한 여인이 있었다. 그녀는 자신의 모습에 깜짝 놀라 당장 화장을 지우고 몸 장식도 다 풀어버렸다. 그리고 마지막으로 신발을 벗고 맨발이 됐다. 그날 공연은 최고였고 그 이후 그녀는 무대에서 항상 맨발이었다. 그녀는 그 '초심'의 긍정적 기억을 맨발이라는 리츄얼에 새겼고, '맨발'이라는 리츄얼을 통해 언제나 '초심'으로 무대에 오를 수 있었다. 그녀가 '라이브의 여제'가 될 수 있었던 비결은 '맨발의 리츄얼' 때문이었다. 리츄얼을 통해 생각을 움직여라.

제2장

사람을 얻고 싶다면 닮은 점부터 만들라

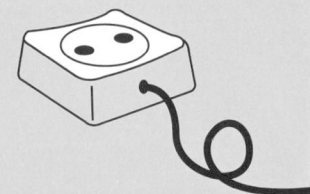

닮는 것은 최고의 아첨이다. 닮는 것만큼 사람을 얻기 쉬운 방법도 없다. 클럽에서 여자가 추는 춤을 그대로 따라 해보라. 금방 사이가 가까워질 것이다. 직장 상사가 좋아하는 운동을 같이 해보라. 대화의 실마리가 금방 풀릴 것이다.

유사성이라는 것은 사회심리학 분야 중 가장 확실한 인과관계를 보여주는 주제다. 닮으면 왜 선호도가 높아지는 걸까? 더 나아가 닮으면 왜 신뢰도까지 높아지는 걸까? 이 장에서는 유사성 효과에 관련된 연구를 살펴보면서 유사성이 인간 행동에 미치는 놀라운 효과를 탐색해볼 것이다.

이성을 유혹하는 기술

대학에 다닐 때 유난히 애인을 잘 만드는 친구가 있었다. 이 친구는 5월 축제 때부터 시작하여 12월 크리스마스까지 여러 명의 애인과 쉬는 시간 없이 스케줄을 조정해가며 데이트를 즐기곤 했다. 나는 정말 궁금했다. 도대체 무슨 비법이 있기에 이다지도 여성들에게 인기가 좋은 것일까?

대학교 4년을 통틀어 별반 인기가 없던 나는 어느 날 이 친구에게 그 비법이 무엇인지 물어봤다. 꽤 많은 돈을 투자해 저녁과 술을 사주고 나서야 이 친구의 비법을 들을 수 있었다.

"여자를 잘 꼬시는 너만의 비법이 뭐냐?"

"꼬시고 싶은 여자의 특징을 따라 해봐. 그럼 무조건 웃게 돼. 웃고 나면 50퍼센트는 넘어간 거야."

"진짜 그게 효과가 있단 말이야? 아, 난 왜 이걸 미처 몰랐을까?"

이 친구의 비법은 말 그대로 '특징 따라 하기'였다. 그녀가 입을 가리고 웃으면 같이 입을 가리며 웃어주고, 그녀가 젓가락질을 왼손으로 하면 같이 왼손으로 젓가락질을 하고, 그녀가 토끼춤을 추면 같이 토끼춤을 추는 것이었다. 특히 처음 만난 순간은 서로가 낯설어하기 마련인데, 그녀의 특징적인 행동을 따라 하면 금세 분위기가 좋아지고 친근감이 형성된다고 한다.

이 친구를 따라 클럽에 가서 그 실력을 직접 눈으로 체감할 기회가 있었다. 친구는 마음에 드는 여자가 보이면 그 옆에 가서 그녀의 춤을 3분 정도 따라 했다. 그러면 금세 그녀의 주의를 끌 수 있었다. 더군다나 그녀가 추는 춤에 살짝 변형을 가하면 그녀는 미소를 넘어 웃음소리까지 내며 즐거워했다. 여기까지 오면 51퍼센트는 성공한 거였다.

나는 정말 놀랐다. 이렇게 간단한 방법을 지금껏 몰랐다니······. 역시 선수들은 선수들만의 방법이 따로 있구나 하는 감탄이 절로 나왔다.

그런데 그 친구의 따라 하기 전략이 도대체 왜 여성들의 마음을 쉽게 움직일 수 있었을까? 그것은 유사성 효과Similarity Effect로 설명될 수 있다. 우리는 누구나 자신과 유사한 점을 갖고 있는 사람에게 호감을 느낀다. 무언가 비슷한 점이 있으면 대화를 시작하기 쉽고, 대화를 하다보면 금방 어색함을 없앨 수 있기 때문이다. 그런 측면에서 고향이 같거나 학교가 같거나 성이 같거나 외모가 비슷하면 더 가깝게 느껴지기 마련이다.

친구의 따라 하기 전략, 다시 말해 유사성 공유 전략은 비단 애인을 얻기 위한 방법으로만 사용되는 것은 아니다. 훨씬 더 많은 곳에 적용이 가능하다. 친구나 고객, 의사결정권자의 마음을 얻고 싶다면 어떻게 해야 할까? 가장 쉬운 방법 중 하나가 유사성을 만들고 인식시키는 것이다. 예를 들어, 레스토랑에서 주문을 받는 직원이 손님의 주문을 그대로 따라 하면 손님의 기분이 더 좋아진다고 한다.

이처럼 유사성은 인간이 사물을 판단하고 의사결정을 내리는 데 아주 중요한 역할을 한다. 비슷하다는 생각이 들면 상대에 대한 선호도가 높아지고 신뢰도까지 증가한다. 특히 자신이 잘생겼거나 미인이라고 생각하는 사람일수록 자신과 유사한 점을 가진 사람에게 호감을 느낀다. 그 이유는 자신과 유사한 점을 좋아해야 자신의 특징이 옳은 것임을 증명하게 되고, 존재의 이유가 확인되기 때문이다. 그래서 비슷하면 끌리는 것이다. 이런 유사성 연구는 사회심리학에서 가장 연구가 잘된 분야 중 하나다.

유사성 효과에 대하여 조금 더 자세하게 알아보자. 이를 통해 유사성 판단이 우리의 생활에 어떤 영향을 미치는지, 그 의미는 무엇인지 조금 더 상세하게 살펴보자. 그렇게 되면 유사성이 지닌 힘을 알게 되고, 이 유사성을 어떻게 리츄얼로 만들 수 있을지 알게 될 것이다.

닮은 사람에게 떡 하나 더 준다

2002년 영국 글래스고 대학교의 리사 드브루인Lisa DeBruine은 외모 유사성이 타인에 대한 선호도와 신뢰도에 어떤 영향을 미치는지 살펴보기로 했다.[10] 인간은 일반적으로 자신과 닮은 사람을 더 신뢰하는 성향이 있는데, 이것을 명시적으로 증명해보고자 한 것이다.

리사 드브루인는 외모유사성과 신뢰감과의 관계를 어떻게 하면 명료하게 증명할 수 있는지를 고민했다. 다양한 방법을 고려한 끝에 최종적으로 컴퓨터 그래픽을 이용해 유사성 정도를 조절하는 방법을 선택했다. 컴퓨터 그래픽을 이용해 사전에 스캔한 실험 참가자의 얼굴 이미지를 눈, 코, 입, 외관, 피부색 등의 여러 차원으로 나누어 유사한 정도를 조절해 새로운 이미지로 만들었다. 이때 실험에 자원한 사람은 모두 24명이었고, 이들 참가자들에게는 2인 신뢰 게임Two person-Trust game을 하게 했다.

2인 신뢰 게임은 2명이 한 팀을 이루어, 게임에서 돈을 얼마나 많이 버는지 알아보는 것이다. 이때 참가자 팀이 무조건 돈을 따도록 프로그래밍해 놓는다. 이렇게 돈을 딴 후 그 돈을 분배할 때, 본인이 직접 계산하여 분배하거나 아니면 파트너에게 전적으로 맡기는 방식 중 하나를 선택할 수 있게 했다. 이 두 가지 분배 방식 중 어떤 방식을 선택하느냐에 따라 상대방을 신뢰하느냐 아니냐를 판단할 수 있다. 즉 자신이 직접 분배하면 상대에 대한 신뢰 수준이 낮은 것이고, 상대방에게 분배를 양도하면 신뢰 수준이 높은 것이다. 벌어들인 돈을 나누는 금액은 2, 3, 4, 5달러의 액수로 조정할 수 있게 했다.

이때 선택하는 파트너는 컴퓨터 그래픽으로 만든 가상의 인물로, 닮은 정도 조정digital morphing은 이렇게 이뤄졌다. 두 사람의 얼굴을 합성하여 새로운 얼굴 이미지를 만들었는데, 아래 그림처럼 형태만 조정하는 경우와 형태와 피부색을 함께 조정하는 경우로 나누었다. 이후 참가자에게 합성한 이미지를 제시해 이들 중 한 명을 게임의 파트너로 선택하게 했다.

참가자들을 두 그룹으로 나누어 파트너가 될 사람의 사진을 보여줬

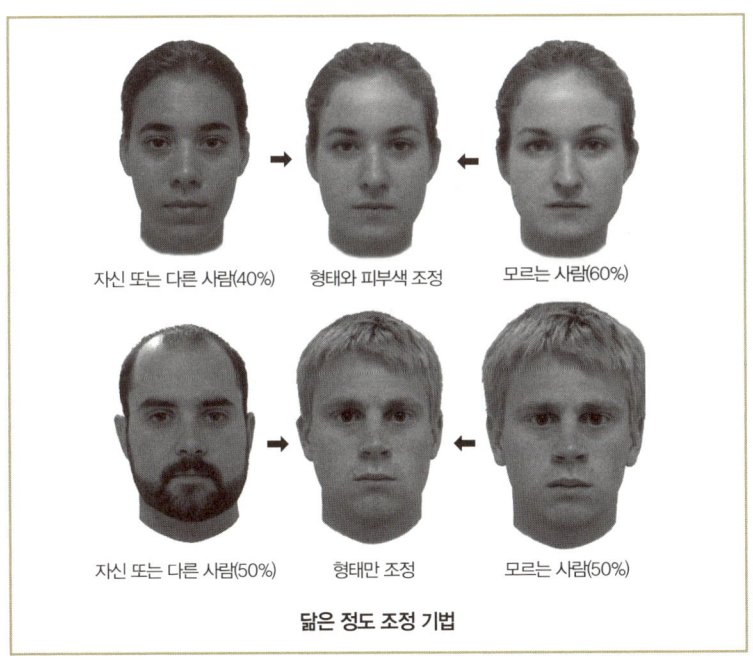

닮은 정도 조정 기법

다. 사진 속의 사람과 같이 돈을 버는 게임을 하게 되는데, 돈을 벌고 난 후 '수익을 어떻게 나누느냐'를 살펴보는 것이 2인 신뢰 게임의 핵심이 된다.

참가자에게 제시한 파트너의 사진은 디지털 합성 기술을 이용해 만들어진 가상의 인물로 첫 번째 그룹에게는 자신과 닮은 사람의 얼굴을 제시했다(닮은 정도 높은 그룹: 참가자 자신의 얼굴과 모르는 사람의 얼굴을 합성). 두 번째 그룹에게는 전혀 모르는 두 사람의 얼굴을 합성해 만든 사진을 제시했다(닮은 정도 낮은 그룹: 다른 사람의 얼굴과 모르는 사람의 얼굴을 합성). 새롭게 구성한 사진은 얼굴 형태만 합성한 경우와 얼굴 형태와 피부색까지 합성한 경우로 구분했다.

결과는 매우 흥미로웠다. 자신과 얼굴이 아주 많이 닮은 파트너와 게임을 한 참가자들은 파트너에 대해 3분의 2 이상이 신뢰한 반면, 전혀 낯선 얼굴의 파트너와 게임을 한 참가자들 중에서 파트너를 신뢰한 사람은 2분의 1밖에 되지 않았다. 이 결과는 '본인 얼굴과의 유사성'이 높을수록 상대방에 대한 신뢰 수준이 높아진다는 것을 보여준다.

우리는 이 연구 결과를 통해 무엇을 볼 수 있는가? 사람들은 자신과 닮은 사람을 대할 때 선호도와 신뢰도가 증가했다. 그래서 수익 배분의 경우에도 외모 유사성이 높은 사람에게 신뢰를 보냈다. 이처럼 유사성은 단지 상대방에 대한 호감도만 증가시키는 것이 아니라, 수익을 배분하는 것과 같이 직접적인 이익이 걸려 있는 의사결정을 할 때도 영향력을 발휘한다.

호감 가는 나와 비슷한 이름

리사 드브루인의 연구에서는 외모유사성이 상대에 대한 선호도와 신뢰성을 증가시킨다는 사실을 증명했다. 이번에는 조금 다른 관점의 유사성 효과를 살펴보자. 만약 이름이나 생일과 같이 외관적으로 보이지 않는 미묘한 유사성은 과연 효과가 있을까? 비슷한 궁금증을 풀기 위해 랜디 가너Randy Garner는 사람들이 공유하고 있는 속성 중 이름에서의 유사성이 호감도를 높여 부탁을 들어줄 가능성까지 높이는지 살펴보았다.[11]

랜디 가너는 이름 유사성이 어떤 효과가 있는지 알아내기 위해 아주 흥미로운 실험을 준비했다. 전혀 모르는 사람들에게 우편으로 설문지를 보내 설문지를 모두 작성한 다음 우편으로 다시 보내달라는 요청을 하는 것이었다. 실험 참가자들은 모두 대학교수로 선정했다. 60명의 대학교수들에게 우편 설문을 요청했는데, 한 그룹에게는 설문지를 받는 사람의 이름과 비슷한 이름을 발신자로 지정했고 다른 그룹에게는 설문지를 받는 사람의 이름과 전혀 다른 이름을 발신자로 지정했다.

예를 들어 비슷한 이름 그룹에 속한 참가자 '로버트 그리어'에게는 '밥 그리거'라는 사람이 설문지를 보낸 것으로 했고, '신시아 존슨'에게는 '신디 조핸슨'이란 사람이 보낸 설문지를 받게 했다. 반면 다른 이름 그룹에 속한 참가자들에게는 유사성이 전혀 없는 이름을 발신자로 했다. 이처럼 이름의 일부분이 비슷한 발신자가 보낸 우편 설문에 어떻게 답하는지를 살펴보는 것이 이 연구의 핵심이었다. 결과는 어떠했을까?

비슷한 이름의 발신자에게 설문지를 받은 그룹의 응답률은 56퍼센트였던 반면, 다른 이름의 발신자에게 설문지를 받은 그룹의 응답률은 30퍼센트에 불과했다. 비슷한 이름의 발신자로부터 설문지를 받은 그룹의 응답률이 다른 이름의 발신자부터 설문을 받은 그룹의 응답률보다 거의 두 배 정도 더 높게 나온 것이다. 이 두 그룹은 발신자와의 이름 유사성 외에는 아무런 차이점도 존재하지 않았다. 사전에 만나본 적도 없고, 서로 알고 있지도 않으며, 어떤 문화적 공유도 없다. 단지 이름이 유사하다는 것과 유사하지 않다는 차이만을 갖고 있었다. 그런데 이 이름의 유사성이 놀라운 응답률의 차이를 보여주었다. 이렇게 이름의 일부분처럼 작은 속성을 공유하는 것만으로도 선호도가 높아지고, 그에 따른 반응도 긍정정적으로 나타났다.

이후 추가 조사를 통해 무엇 때문에 설문에 응답했는지에 대해 물었다. 그런데 단 한 사람도 발신자와의 이름이 유사해서 설문에 응답했다고 말한 사람은 없었다. 사람들이 어떤 사람을 도울지 말지 결정할 때 자신과의 유사성이 얼마나 미묘하면서도 강력하게 작용하는지를 모르고 있다는 사실을 볼 수 있는 대목이다.

랜디 가너는 이 연구를 통해 비슷한 이름이나 같은 생일날짜처럼 피상적인 유사성이 뭔가 자신과 비슷하다는 긍정적인 감정을 유발하고, 그 사람들의 부탁을 들어줄 가능성을 높인다는 사실을 증명했다. 이를 통해 우리는 이름뿐만 아니라 취미, 선호 색상, 음식 취향, 신념 등과 같은 다양한 측면에서 비슷한 속성을 가진 사람이 우리에게 미치는 영향력은 생각보다 크다는 것을 추론할 수 있다.

같은 신념을 가진 사람이 좋은 이유

워터게이트 사건으로 대통령직에서 물러난 리처드 닉슨은 흥미롭게도 유사성 효과에 대한 흥미로운 통찰을 제공했다. 그가 재임하던 1970년대 초반은 베트남 전쟁의 한복판이었고, 대규모 반전 시위가 미국 전역에서 벌어지고 있었다.

영국 럿거스 대학교의 피터 수드필드Peter Suedfield는 신념 유사성이 부탁을 들어주기 어려운 상황에서 어떤 영향을 미치는지 연구해보기로 했다.[12] 그런데 수드필드는 실제 반전 시위 현장을 실험장소로 선택했다.

반전 시위자들은 전쟁에 대해 반대한다는 신념을 공유하고 있는 사람들이다. 따라서 이들은 정신적인 연대감을 갖고 있을 것이며, 처음 보는 시위대끼리도 서로에 대한 유대감을 갖기 쉬울 것으로 예상할 수 있다.

만약 반전 시위가 벌어지고 있는 곳에서, 같은 신념을 공유하고 있는 사람이 도움을 요청하면 주변 사람들은 어떤 반응을 보일까? 수드필드는 여기에 관심을 갖고, 반전 시위대 중 한 명이 매우 아픈 상황을 만들었다. 그리고 다른 반전 시위대 사람들에게 도움을 청했을 때 어떻게 행동하는지 살펴보기로 했다.

수드필드는 연극 배우를 실험 보조자로 섭외해 반전 시위대와 같은 형태의 옷을 입고 수염을 기른 모습으로 분장시켰다. 그리고 닉슨에 반대한다는 피켓을 들고 반전을 외치게 했다. 당시의 반전 시위대는 히피 문화를 공유하고 있었기 때문에 다소 거칠고 자유로운 복장이 대세였다. 이런 히피 복장을 한 실험 보조자는 아픈 척하며 거리에 쓰러져 신음하며 도움을 요청했다.

한편 다른 복장을 한 실험 보조자도 다른 장소에서 동일한 도움을 요청하게 했다. 이 실험 보조자는 수염 없이 말끔한 복장을 하고 있었다. 닉슨을 지지한다는 피켓을 든 그는 외관상으로 히피 문화와는 전혀 다른, 공무원과도 같은 깔끔한 모습이었다. 이 사람 역시 아픈 척하며 거리에 쓰러져 신음하게 했고, 반전 시위대 사람들에게 똑같이 도움을 요청하게 했다.

이 두 종류의 실험 보조자들은 반전 시위대의 한 복판으로 들어가서, 정해진 시간에 주어진 각본대로 갑자기 아픈 연기를 시작했다. 땅바닥에 주저앉아 매우 아픈 표정으로 고통을 호소했고, 자신을 도와달라고 말했다. 이때 또 다른 여성 실험 보조자는 자신의 친구가 갑자기 아파한다며, 도움을 구체적으로 요청했다.

도움 요청은 크게 5단계였다.

1단계 시위에 참여한 자신의 친구를 도와달라고 말한다.
2단계 아픈 친구를 시위대 밖으로 옮겨 줄 것을 요청한다.
3단계 아픈 친구를 병원으로 옮겨달라고 요청한다.
4단계 10킬로미터쯤 떨어진 환자 집으로 데려다 달라고 요청한다.
5단계 집에 가는 버스요금을 달라는 부탁을 한다.

마지막 단계의 부탁까지 이루어지면 아픈 척하던 환자는 더 이상 몸이 아프지 않다고 말하고, 감사의 뜻을 표한 후 자리를 뜨게 된다. 이 실험의 결과는 어떻게 나왔을까?

이 실험은 같은 반전 시위대로 보이는 환자와 전쟁 옹호자로 보이는 환자에 대한 반응을 테스트한 것이다. 비슷한 장소에서 똑같이 아픈 환자로 보이게 했지만, 한 환자는 반전 시위대고 한 환자는 전쟁 옹호자였다. 반전 시위대 안에서 반전 시위에 동참한 사람이 아플 경우는 신념 유사성이 매우 높은 조건이고, 반전 시위대 안에서 전쟁 옹호자로 보이는 사람이 아플 경우는 신념 유사성이 매우 낮은 조건이다. 이렇게 다른 조건에 시위에 참가하고 있는 반전 시위대는 어떤 행동을 보였을까?

반전 시위대로 보이는 사람이 아플 경우는 1단계에서는 100퍼센트, 2단계에서는 99퍼센트, 3단계에서는 66퍼센트의 사람들이 호의적인 반응을 보였다. 반면 전쟁 옹호자로 보이는 환자에게는 전혀 다른 반응을 보였으며 도움을 주겠다는 사람이 현격히 줄어들었다. 그 이유는 짐작대로 신념 유사성이 달랐기 때문이다.

이 연구는 간단하지만 매우 의미심장한 결과를 보여준다. 앞에서 살펴본 연구들은 외모나 이름이 유사하면 선호도와 신뢰도가 증가한다는 것을 보여주었다. 그런데 이 실험의 결과에 따르면 신념까지 유사할 때 훨씬 어려운 수고까지 기꺼이 지불한다는 것이다. 66퍼센트 사람들이 실험 보조자들의 요구에 호의적으로 반응하며 병원으로 옮겨주었다. 즉 어려움에 처한 사람이 자신과 나이, 환경, 차림뿐만 아니라 신념까지 유사할 때 사람들은 더 적극적으로 도와주려 한다는 것이 밝혀졌다. 이처럼 유사성이 지닌 힘은 강력하다. 사람의 마음을 얻고 싶은가? 그 사람과의 유사한 점부터 찾아라.

같은 동네 사람에게는 경적도 늦게 울린다

옥스포드 대학교의 조셉 포거스Joseph Forgas는 또 다른 각도에서 유사성 효과를 검증했다.[13] 유럽의 각 도시는 서로 개방되어 있어 다양한 국가의 여행객들이 자신의 차로 유럽 도시들을 여행하는 경우가 많다. 일반적으로 다른 곳에서 온 여행객들은 새로운 도시의 교통 시스템에 익숙지 않으므로 교통신호에 빠르게 대응하지 못할 때가 많다. 만약 신호등 맨 앞에서 출발을 준비하는 자동차가 파란불로 바뀌었는데도 출발하고 있지 않다면, 뒤차는 얼마나 오래 기다려줄까? 이때 앞차의 운전자와 뒤차의 운전자가 같은 나라의 국민이라면 경적 울리지 않고 조금 더 기다려줄까? 반대로 만약 다른 나라의 국민이라면 조금 더 빨리 경적을 울릴까? 조셉 포거스는 독일의 차량을 이용해 독일 국민과 다른 나라 국민 간의 차이를 살펴보았다.

이 실험은 유럽의 4개 국가의 중간 규모 도시에서 회색의 폭스바겐을 이용해 진행되었다. 폭스바겐은 대표적인 독일 자동차로, 이 차를 대하는 독일인과 비독일인의 태도가 달랐다. 더군다나 뒤쪽 창문에 큼지막하게 운전자의 국적을 표시했고, 그 옆에는 독일 국기까지 꽂아 어느 나라에서 온 여행객인지 쉽게 구분할 수 있게 했다. 비교를 위해 운전자의 출신 국가는 2가지로 구분했는데, 한 명은 독일인이었고 다른 한 명은 호주인이었다. 호주는 일종의 통제 그룹으로, 유럽 사람들은 호주에 대해 단지 먼 외국 정도의 느낌을 갖고 있어 중립적인 태도를 취했다. 반면 독일에 대한 유럽 사람들의 태도는 분명했고, 일관된 국가 고정관념을 갖고 있다. 그렇게 일관된 이미지의 독일인이 운전하는 차량과 중립적 이미지인 호주인이 운전하는 차량이 신호등에서 늦게 출발한다면 유럽인들은 어떤 행동을 취할까? 이것이 이 연구의 핵심이었다.

실험은 프랑스, 스페인, 이탈리아, 독일 이렇게 네 곳에서 실시되었다. 각각의 나라에서 인구 10만에서 30만 명 정도 되는 중간 정도의 도시에서 실험이 진행되었다. 독일 또는 호주 운전자가 운전하는 실험 차량은 신호등 앞에서 기다리고 있다가 파란불로 바뀌어도 출발하지 않고, 뒤차가 경적을 몇 초 만에 울리는지를 측정했다. 유사성의 효과를 생각하면 같은 국적의 자동차 뒤에서는 천천히 경적을 울리고, 다른 나라의 자동차 뒤에서는 더 빠르게 경적을 울릴 것이다.

    결과는 예상한 대로 나타났다. 독일인이 운전하는 차량이 신호등에서 늦게 출발할 경우 독일의 도시에서는 평균 7.8초를 기다려 주지만, 프랑스나 스페인, 이탈리아와 같은 다른 나라의 도시에서는 훨씬 더 빠른 4.1초 만에 경적을 울려댔다. 경적을 울리는 시간 차이가 무려 3.7초나 난 것이다. 7.8초와 4.1초는 통계적으로도 매우 유의미한 차이를 보이는 수치. 우리나라에서도 자동차 번호판에 지역 표시를 했을 때, 타지에서 온 자동차에 대해 다소 거칠게 대하는 경향을 보였다. 앞의 실험과 일맥상통한다고 볼 수 있다.

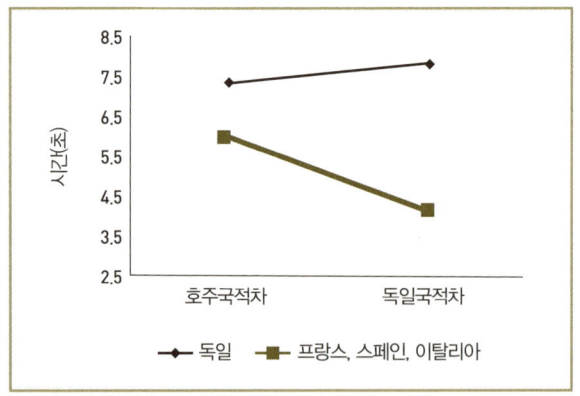

반면 통제 그룹으로 사용된 호주 국적의 차량에 대해서는 독일과 다른 나라들 사이에 큰 차이를 보이지 않았다. 왜냐하면 유럽 사람들에게는 매우 생소한 국적의 차량이고 호주에 대한 고정관념이 분명치 않으므로, 경적을 울리는 것에 도시별 차이가 크지 않았던 것이다.

이 실험에서 우리는 무엇을 알 수 있는가? 유사성을 공유하고 있다면, 다시 말해 같은 국적이라면 자신에게 불편한 일이 벌어지더라도 상당 부분 이해하고 참아준다는 것이다. 유사성이라는 힘을 사용하면 이처럼 놀라운 효과가 나타난다.

유사성 효과, 왜 일어날까?

그렇다면 유사성 효과가 왜 일어나는가? 그것은 유사성 판단이 사람이 사용하는 가장 근본적인 정보처리 과정 중 하나이기 때문이다. 우리가 새로운 사물을 볼 때 제일 먼저 어떤 판단을 할까? 그 대상이 나와 얼마나 유사한지 아닌지부터 살펴본다. 이것은 본능적으로 일어나는 활동으로, 나와 유사성이 높다면 상대적으로 안전한 동지라고 생각하고 유사성이 낮다면 적이라고 생각해 적대감을 갖는다. 이것은 원시시대부터 인류가 생존해올 수 있었던 가장 근본적인 힘 중 하나다.

TV에서 원시부족을 만나러 가는 다큐멘터리 프로그램을 볼 수 있다. 아마존에 살고 있는 원시부족을 만나러간 문명인들을 생각해보

라. 이 두 그룹은 서로에게 불안감을 갖고 있다. 말도 통하지 않고 복장도 다르고 생김새로 다르다. 낯설게 만난 이 두 그룹 사람들이 제일 먼저 하는 일이 무엇이겠는가? 서로간의 유사성이 무엇인지 살펴보는 것이다. 외모, 복장, 피부색, 형태, 언어 등을 살피면서 비슷한 점이 많으면 상대적으로 안심하게 되고, 다른 점이 많으면 무서워하게 된다.

 원시시대부터 인류가 생존해올 수 있었던 가장 근본적인 이유는 정보처리 활동을 통해 유사성을 살펴봤기 때문이다. 유사하면 할수록 안심이 되고, 상이하면 할수록 불안해지는 것을 오랜 세월을 두고 경험해왔다. 바로 이런 경험들이 축적되어 유사성 효과가 높아지게 된 것이다.

{ 생각의 확장 }

　사람은 새로운 사물을 접하게 되면 유사성을 판단한 뒤, 유사한 것끼리 범주화해 하나의 기억 단위로 저장한다. 이런 범주화된 기억들은 다시 체계적으로 연결되는데, 이것을 '스키마(Schema)'라고 부른다. 그리고 이런 스키마의 연결체계 전체를 '기억구조(Memory Structure)'라고 한다. 사람이 갖고 있는 기억구조의 근본을 결정짓는 요체가 바로 유사성 판단이다. 유사성을 통해 서로 범주화하거나 새로운 스키마를 만드는 것이다.

　사람이 세상을 어떻게 판단하고, 어떻게 기억하고, 어떻게 회상해내는지를 이해하기 위해 가장 중요하게 봐야 하는 것이 바로 유사성 판단이다. 이것을 활용해 개인 간의 관계, 가족 간의 관계, 친구간의 관계, 기업과의 관계, 브랜드와의 관계 등을 다시 바라볼 수 있다.

　서로 사랑하면 닮는다는 말이 있다. 실제로 오랜 세월을 함께한 부부를 보면 마치 오누이처럼 닮아 보인다. 왜 그럴까? 사랑해서 닮게 된 걸까? 아니면 닮은 사람끼리 결혼한 것일까? 물론 오랜 세월을 함께 보내다 보면 저절로 비슷해질 수도 있을 것이다. 그러나 그보다는 처음부터 닮은 사람이 만났을 가능성이 훨씬 높다.

외모가 비슷한 것은 기본이다. 여기에 좋아하는 음식, 좋아하는 여행, 좋아하는 취미 등 좋아하는 대상이 유사할수록 사람은 서로에게 끌린다. 유사성 효과를 유전자가 기억하고 있기 때문이다.

나와 내 아내는 여러 면에서 유사한 점을 갖고 있다. 우리는 처음부터 인생관이 비슷했다. 자연적인 것을 좋아했고 인위적인 것을 싫어했다. 어떻게 사는 것이 바람직한 삶인지 항상 고민하고, 타인에게 긍정적 영향을 미치는 것을 중요시 여겼다. 흥미롭게도 서로 다른 환경에서 자랐지만, 고전이나 옛날이야기에 많은 관심을 갖고 있었다. 나는 21살의 여대생이 나처럼 고전을 좋아한다는 것에 매료되었다. 이런 이야기들을 나누면서 우리 공감대는 쉽게 만들어졌고, 끝내 결혼하게 되었다. 만난 지 20년이 지났지만, 지금도 아침식사를 하면서 매일 삶에 대한 이야기를 나눈다. 만약 나와 내 아내가 전혀 다른 가치관을 가졌다면 어떻게 되었을까? 아마도 지금과는 다르게 살고 있으리라.

원하는 사람을 얻고 싶은가? 그와의 유사성을 만들어라. 가능하면 많은 측면에서……. 그러면 한 발 더 다가갈 수 있을 것이다.

자녀 문제도 생각해보자. 부모는 원천적으로 자녀를 사랑한다. 나를 봐도 그렇다. 30년 전 나는 아이를 좋아하는 사람이 아니었다. 그런데 첫 아이를 낳고는 전혀 다른 사람이 되었다. 부모라면 모두 느끼는 일이지만, 내 아이의 똥마저도 예뻤다.

왜 부모는 이토록 자녀를 사랑할까? 가장 근본이 되는 것은 유사성이 지각되기 때문이다. 닮은 것이다. 나와 닮았고, 아내와 닮았다. 아이가 생김으로 인해 비로소 가족이 완성된다. 서로 유사성이 완성되는 것이다.

첫아이를 낳고 친가에 가면 아빠와의 닮은 점을 이야기하고, 외가에 가면 엄마와의 닮은 점을 이야기한다. 그래야 서로 마음이 놓이는 것 같다. 외모가 닮지 않으면 피부색의 닮은 점을 찾고, 손가락의 형태, 웃는 모습, 보조개, 쌍꺼풀, 머리숱, 손톱의 모양, 귀의 크기 등등 수많은 곳에서 부모와 닮은 점을 찾는다. 부모와 자녀를 결정 지워주는 중요 요소 중 하나가 '닮았다'는 것이다. 김동인의 단편소설 「발가락이 닮았다」를 보면 발가락에서라도 자신과 닮은 점을 찾고 싶어 하는 마음이 잘 묘사되어 있다.

부모가 이렇게 아이에게서 닮은 점을 찾아내도 시간이 지남에 따라 부모 자녀의 사이가 멀어지는 경우가 많다. 왜 그럴까? 부모 자녀간의 공통점을 더 많이 만들어야 하는데 그렇지 못하기 때문이다. 아이는 점차 자신의 영역으로 들어가고, 부모는 부모의 영역에 남게 된다. 외모는 비슷하지만 정신 영역은 더 이상 유사한 점이 없게 되면, 서로를 이해하지 못하는 단계에 접어든다.

부모와 자녀의 관계를 회복하려면 무엇을 해야 하는가? 유사한 점을 늘려야 한다. 아이들의 관심사를 나의 관심사로 만들어야 하고, 아이들의 고민을 함께해야 한다. 유사성의 원리는 다른 말로 하면 '공유하면' '함께하면' 좋아진다는 것이다.

이제 대인 관계로 영역을 넓혀보자. 나는 SBS TV에서 방영중인 〈정글의 법칙〉이란 프로그램을 자주 본다. 이 프로그램은 실제 상황을 다루고 있어서 그런지 사실감이 있어서 좋다. 내용을 살펴보면 김병만과 함께 오지 탐험을 하는 사람들은 천신만고 끝에 원시부족을 만나게 된다. 배도 고프고, 잠자리도 불편하고, 먹을 것도 마땅치 않아 도움을 요청해야 한다. 원시부족의 추장은 이들을 받아들일지 말지를 결정해야 한다. 사람들이 무슨 행동을 해야 원시부족의 추장은 이들을 받아들여줄까?

그것은 원시부족의 특징적인 절차를 거치는 것이다. 어떤 경우에는 박쥐를 먹어야만 하고, 어떤 경우에는 춤을 추어야 하고, 어떤 경우에는 예식을 치러야 한다. 이처럼 특징한 음식, 춤, 예식을 거쳐야 하는 것은 무엇을 의미할까? 유사성을 공유한다는 말이다. 원시부족의 특징을 공유하게 되면 서로를 부족의 일원으로, 혹은 소중한 손님으로 받아들여 준다.

이것은 비단 〈정글의 법칙〉에서만 나오는 것이 아니라, 모든 원시부족을 만나는 다큐멘터리에서 공통으로 나오는 장면이다. 유사성이라는 작용하는 순간, 사람들은 가까워지게 마련이다.

원시부족이 사는 정글이나 21세기 대도시나 다를 바가 없다. 사람은 기본적으로 나와 타인간의 유사성 판단을 통해 그 대상이 안전한지 아닌지, 친밀한 대상인지 아닌지, 계속 만날 것인지 말 것인지를 결정한다. 만약 새로운 직장에 들어갔다면 무엇부터 해야 할 것인가? 그 조직의 특징을 탐색해서 유사성을 높일 필요가 있다. 그 조직의 의사결정자는 어떤 특징이 있는가, 의사결정 과정은 어떻게 이루어지는가를 탐색해, 유사성을 높이면 된다. 사람은 비슷한 점이 있으면 선호도가 높아진다는 것을 잊지 말자.

　기업과 고객과의 관계 역시 마찬가지다. 어느 조직이건 지방출신은 지방출신끼리 더 잘 모이고, 취향은 같은 사람끼리 더 잘 모인다. 이건 어쩔 수 없는 인간의 본능이다. 와인을 좋아하는 와인애호가들은 서로에게 더 많은 관심과 배려를 하게 된다. 한 보험회사의 조사결과에 따르면, 보험영업 사원과 소비자와의 유사성이 높을수록 보험가입 확률도 높다고 한다. 예를 들어 종교, 지역, 학력, 취미, 건강, 외모 등의 유사성이 높으면 고객과의 관계도 좋아질 수 있다. 고객을 얻고 싶다면 그 고객과의 유사성을 찾아보길 바란다. 고객의 행동, 외모, 습관, 사고방식, 가치관, 운동, 말투나 몸짓을 살펴라. 그리고 그 유사성을 리츄얼로 만들면 그 사람을 얻게 될 확률은 확연히 증가한다.

　고객의 특성을 공유하고 있다는 것을 보여주는 것만으로도 선호도는 높아지게 된다. 산악자전거 구매를 고려하는 고객에게 이런 말을 건넬 수 있다.

　"저도 주말에는 산악자전거를 탑니다. 이 제품은 기어변속과 브레이크가 정말 훌륭합니다. 저희 산악자전거 동아리에서도 강력 추천하는 제품입니다."

　아토피 크림을 고르는 주부에게 이렇게 이야기를 꺼낼 수도 있다.

　"우리 아이가 아토피로 오래 고생해서 저도 마음고생이 심했습니다. 이 크림으로 바꾸고 나니까 효과가 있더라고요."

　고객과의 유사성을 공유하는 것만으로도 닫힌 문을 반쯤 열게 된다.

고객과의 대화를 시작할 때는 이처럼 공통분모를 잘 찾는 사람이 성공한다. 타인과의 공통분모를 잘 찾는 사람은 유연하고, 융통성이 있고, 공감 능력이 뛰어나다는 평가를 받는다. 특히 고객과의 접점이 많은 사람이라면 유사성을 찾는 것에 특별한 노력을 기울일 필요가 있다.

고객끼리의 유사성을 활용하는 방법도 있다. 예를 들어 할리데이비슨을 타는 사람들의 모임인 HOGHarley Owner Group가 있다. 비슷한 복장을 하고, 비슷한 음식을 먹으며, 비슷한 문화를 공유한다. 적어도 할리데이비슨을 타는 동안에는 서로에게 비슷하게 보이고자 행동한다. 이들은 강력한 유사성의 문화를 갖고 있다. 이들 간의 유대관계가 매우 높으며, 그 안에 브랜드 선호와 신뢰지수 역시 매우 높다. HOG는 전 세계 모든 브랜드 담당자들이 가장 부러워하는 모임이다. 모두 유사성의 문화를 공유하기 때문이다.

향후 기업 경영의 중요한 이슈는 브랜드 팬클럽이다. 어떻게 하면 더 명확하고, 잘 조직되어 있는 브랜드 팬클럽을 만드느냐가 관건이다. 예를 들어 소위 '애플빠'라고까지 불리는 애플의 브랜드 팬클럽 사람들은 새로운 제품이 나오면 그 제품을 사기위해 밤새 기다릴 정도다. 이런 브랜드 팬클럽 구성의 지름길 중 하나가 유사성 효과를 최대한 높이는 것이다. 소비자와 소비자, 소비자와 브랜드 사이의 인지된 유사성이 높으면 높을수록 호의도, 신뢰도, 재구매율은 높아지게 된다. 점점 더 복잡해지는 마케팅 환경에서 소비자와 소비자, 브랜드간의 유사성을 높이는 것은 더욱 중요해질 것이다.

제3장

달라지고 싶지만 따라 하는 사람들

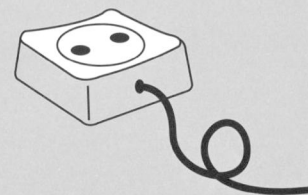

광고 카피 중 남들이 모두 "예"라고 말할 때 "아니오"라고 말할 수 있는 사람이 되라는 것이 있었다. 하지만 사회생활하면서 그렇게 살기는 쉽지 않다. 왜냐하면 사회생활은 혼자서 하는 것이 아니기 때문이다. 어떤 형태로든 우리는 타인과의 상호작용을 하게 된다. 주변의 사람들과 수많은 정보를 교환하면서 항상 동의할 것인지 반대할 것인지를 선택해야 한다. 이때 중요한 것은 정보의 배열이다. 이것을 통해 동조할 것인지 대조할 것인가가 결정된다. 이 장에서는 동조와 대조를 통해 타인과 다른 의견을 갖는 것이 쉬운 일인지 어려운 일인지를 살펴본다.

다른 것의 어려움

 그 어느 때보다 차별화가 주목받고 있다. 남과 달라야만 주목받을 수 있고 선택받을 수 있기 때문이다. 한 은행의 광고를 보면 모두가 예라고 할 때, 아니라고 할 수 있는 은행이 있어야 한다고 주장한다. 경쟁이 대세고, 남 다른 행동이 절실한 시대니 남들과 다른 관점이 필요하다는 이 은행의 광고는 많은 사람들의 공감을 얻었다. 그런데 문제는 모두가 예라고 할 때 과연 아니라고 할 수 있는 사람이 얼마나 되냐는 것이다. 세상 사람들의 실제 생활 속에서 사람들은 어느 정도나 남들로부터 자유롭게 행동을 할 수 있을까? 사실 우리 기억을 조금만 뒤져봐도 모든 사람이 예라고 말하는데 혼자 아니라고 하기는 쉽지 않았다는 것을 알 수 있다.
 역사 이야기를 한번 살펴보자. 많은 사람들이 알고 있는 갈릴레오의 이야기다. 17세기 갈릴레오가 살던 시절은 모두가 천동설을 믿고 있었다. 태양이 지구를 중심으로 돌고 있다는 생각이 세상을 지배해 왔던 것이다. 모두가 다 천동설을 믿고 이야기하고 있었는데 갈릴레오만 전혀 다른 관점을 갖게 된다. 왜냐하면 태양이 지구를 돌고 있다는 가정에 위배되는 수많은 증거를 발견했기 때문이다. 그렇지만 새로운 사실을 발견한 갈릴레오는 사람들과 다른 자신의 생각을 쉽게 발표하지 못했다. 모두가 천동설을 주장하고 있는데 혼자서 다른 의견을 이야기를 하는 것 자체가 부담이 되었던 것이다. 시간을 두고 고민 고민 한 끝에 갈릴레오는 조심스럽게 자신의 주장을 발표했다. 그러자 바로 교황청이 반응했다. 갈릴레오의 주장은 교황청의 입장과 상반되는 주장이었기 때문이다. 결국 1633년 갈릴레오의 주장이 문제가 되어, 종교재판이 열리게 된다.

다른 의견을 주장했더니 사회적, 종교적 문제가 발생한 것이다. 당대의 뛰어난 과학자였던 갈릴레오가 자신의 주장을 조금 더 강하게 주장할 법도 한데, 놀랍게도 재판이 열리기 전에 스스로의 주장을 철회하고 태양이 지구를 중심으로 돌고 있다는 기존의 천동설을 지지했다. 그 결과 논점이 없어진 재판은 갈릴레오를 단지 교황에 대한 불복종의 항목으로 유죄를 언도했을 뿐, 이단이라고 종교적 유죄를 판결하지는 않았다.

갈릴레오의 경우는 조금 특별하다. 당시 막강한 권한을 갖고 있던 교황청과의 반목은 여러 가지로 부담스러울 수밖에 없었기 때문이다.

그렇지만 갈릴레오는 인류 역사상 가장 위대한 과학자였다. 그는 아리스토텔레스의 낙하운동 법칙의 오류를 증명하고, 망원경을 이용해 천체를 관측했으며, 빛의 속도를 측정하고, 근대 역학과 실험 물리학의 근간을 만든 인류 역사상 가장 위대한 과학자 중 한 명이다. 이렇게 위대한 갈릴레오도, 남들과 다른 의견을 주장하는 것에 심리적, 물리적 부담을 느끼는데 일반인들은 어떨까? 우리는 남들과 다른 의견을 쉽게 이야기할 수 있을까? 일련의 연구를 통해 그것이 얼마나 힘든 일인지 살펴보자.

나만 다르게 말하는데?

무자퍼 셰리프Muzafer Sherif의 연구는 동조에 대한 최초의 것으로, 주변의 압력에 인간이 어떻게 순응하는지를 보여주는 가장 통찰적 접근법이다.[14] 셰리프는 자동운동 현상autokinetic phenomenon이라는 방법을 사용해 타인의 의견에 어떻게 순응하는지를 명쾌하게 보여주었다. 먼저 자동운동 현상에 대해 알아야 할 것이다. 자동운동 현상이란, 사람이 어두운 암실에서 불빛을 보게 되면 그 불빛이 정지해 있어도 움직이는 것처럼 느끼게 되는 현상이다. 사람들이 정지해 있는 불빛을 움직인다고 판단하게 되는 이유는 사람의 눈동자가 고정되어 있지 않고 움직이므로 착시가 발생해 불빛이 움직이는 것으로 보이기 때문이다. 셰리프는 사람들이 어두운 곳에서는 불빛이 정지해 있어도 움직인다고 느끼는 이 자동운동 현상을 다른 사람의 의견에 대한 동조실험에 활용했다.

실험은 총 4일에 걸쳐 진행되었다.

첫째 날, 셰리프는 사람들을 불빛이 전혀 없는 어두운 방으로 초대해 실험 보조자와 함께 약 5미터 떨어진 거리에 앉아 불빛을 바라보게 했다. 불빛은 실제로는 정지해 있었지만, 착시 현상으로 인해 흔들리는 것처럼 보였다. 잠시 후 실험 참자가는 다음과 같은 질문을 받게 된다. "빛이 어느 정도나 움직였는지 말씀해주십시오." 실험 참자가는 자신이 본 불빛의 움직임에 따라 1인치에서 수십 인치까지 움직였다고 답했다.

둘째 날, 실험 보조자 3명과 같이 불빛을 바라보게 했다. 만약 이 실험 참가자자가 전날 8인치 움직였다고 답했다고 가정해보자. 그러면 셰리프가 다음과 같이 질문했고, 여기에 실험 보조자 3명이 일정한 패턴으로 답을 했다.

셰리프 빛이 얼마나 움직였나요?

실험 보조자1 2인치 정도 움직였습니다.

실험 보조자2 1 또는 2인치요.

실험 보조자3 1인치보다 조금 더 되는 것 같아요.

실험 참가자 음……, 6인치 정도 되는 것 같습니다.

(다른 실험 보조자들은 이 사람을 이상하다는 듯이 쳐다본다.)

셋째 날, 둘째 날과 동일하게 셰리프와 실험 보조자들이 대화를 한다. 그러면 실험 참가자는 대략 4인치로 줄여 말한다.

넷째 날, 역시 둘째 날과 동일하게 진행한다. 그 결과 실험 참가자는 대략 2인치 정도 움직였다고 줄여 말하게 된다.

처음에는 8인치라고 응답한 실험 참가자가 실험 보조자들의 얘기를 듣고는 8인치에서 2인치까지 의견을 수정하는 결과가 나타난 것이다. 처음에는 자신의 판단대로 움직인 거리를 말한 실험 참가자들은 실험 보조자의 일관된 응답에 따라 자신의 대답을 바꿔 말하는 행동을 보인다. 실험을 몇 번 반복 수행함에 따라 실험 참가자는 점점 실험 보조자의 의견을 따라 하게 되었고, 마지막에는 거의 일치하는 거리 추정이 이루어졌다. 참으로 놀라운 결과가 발생한 것이다. 실험에 참가한 사람들은 모두 성인들이었고 대부분이 대학 졸업 이상의 학력을 가졌음에도 불구하고, 실험 보조자의 의견을 좇아 자신의 의견을 수정한 것이다.

어떻게 이런 일이 벌어질 수 있을까? 이것이 일반적인 현상이라면 우리가 자신의 주관대로 선택하는 것이 결코 쉬운 일이 아니라는 점을 알게 된다. 그래서 우리가 횡단보도 앞에서 서 있을 때, 빨간 신호등인데도 다른 사람들이 모두 길을 건너간다면 나 혼자 계속 서 있기가 힘든 것이다.

분명한 사실도 달라 보인다

셰리프의 연구에 이어 동조에 대한 또 하나의 놀라운 연구가 탄생한다. 솔로몬 애쉬Solomon E. Asch는 셰리프의 실험이 어두운 곳에서 애매모호한 자극물에 의해 일어나는 착시 현상임을 주시했다.[15] 그래서 애쉬는 분명한 자극물을 만들고, 이것에 대한 동조가 일어나는지를 살펴보기로 했다. 만약 분명한 사실에 대하여도 동조가 일어난다면 이는 동조의 효과가 막강하다는 것을 보여주는 것이기 때문이다. 셰리프가 사용한 자극물은 어둠 속의 불빛이었는데, 이것은 명확한 자극물이 아니기 때문에 타인의 의견을 추종할 확률이 처음부터 높았다. 이렇게 애매모호한 자극물이 아니라 분명한 사실에 대하여도 타인의 의견을 동조하는지를 살펴보는 것이 애쉬 연구의 핵심이었다.

먼저 실험 참가자들에게 한 세트로 되어 있는 두 장의 카드를 보여주었다. 아래와 같이 기준카드에는 일정한 길이의 직선이 그려져 있

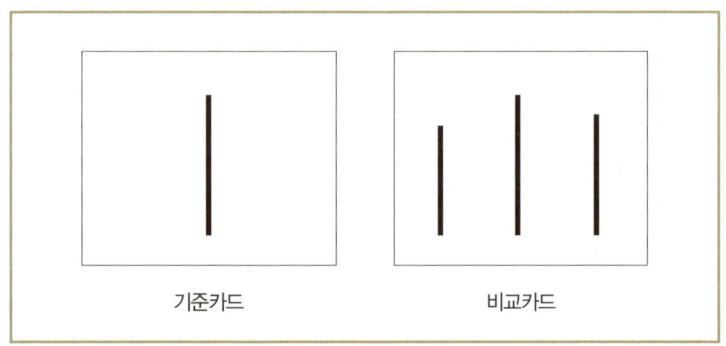

고, 다른 한 장의 카드에는 서로 다른 길이의 직선이 그려져 있다.

증명 방법은 다음과 같았다. 실험 참가자가 도착하면, 7명의 가짜 참가자들과 함께 실험을 진행한다. 이들 가짜 참가자는 연구 보조원으로, 연구 목적을 수행하기 위해 미리 짜놓은 답변을 한다. 도착한 진짜 실험 참가자는 맨 마지막 자리에 앉게 된다. 이들 모두에게는 위와 같은 두 장의 카드를 보여주고, 비교카드에 그려진 세 개의 직선 중에 어느 것이 기준카드의 직선과 길이가 같은지를 묻는다. 가짜 참가자 7명은 모두 차례차례로 틀린 답을 말한다. 기준카드와 같은 길이의 직선은 당연히 비교카드의 2번 직선이고, 2번 직선을 답하는 것이 당연한데 3번 직선을 답으로 선정한다. 이렇게 7명의 가짜 참가자들이 엉터리 대답을 하고 났을 때, 진짜 참가자는 어떤 답변을 하는지 살펴보는 것이 이 연구의 핵심이다. 어떤 결과가 나왔을까?

놀랍게도 실험에 참가한 76.4퍼센트의 응답자들이 가짜 참가자들의 의견을 따라 틀린 3번 직선을 선택했다. 누가 봐도 기준카드의 직선과 같은 길이는 2번 직선인데, 실험 참가자들은 틀린 3번 직선을 선택한 것이다. 왜 이런 결과나 나왔을까?

실험 참가자는 자신의 답변을 말하기 전에 무려 7번이나 틀린 답을 일관되게 듣게 된다. 이렇게 잘못된 답을 반복적으로 듣게 되면 어떤 심정이 될까? 처음에는 어이가 없겠지만, 반복적으로 듣고 나면 자신의 생각을 의심하기 시작한다. 혹시 자신의 시력에 문제가 있는 것은 아닌지, 아니면 자신이 모르는 무엇인가가 따로 있는 것은 아닌지 혼란스러워한다. 자신과 비슷한 처지에 있는 사람들이 일관되게 다른 답변을 하게 되면, 스스로의 태도에 혼란이 생기게 되고 타인의 의견에 동조하려는 욕구가 발생한다.

그 사람은 결국 사회적 압력에 따라 자신의 의견을 수정하게 된다. 그래서 무려 76.4퍼센트의 사람들이 자신의 신념과 다르게 잘못된 답을 고르게 된 것이다. 나중에 확인해보니, 3번 직선을 선택한 사람들도 속으로는 2번 직선이 답이라고 생각하고 있었다. 그러나 사회적 압력에 굴복해 타인의 의견을 따라한 것이다.

참으로 놀라운 실험 결과가 아닐 수 없다. 직선의 길이는 변하지 않는 분명한 사실이다. 셰리프는 애매모호한 자극물을 썼지만 애쉬는 분명한 사실을 자극물로 이용했음에도 불구하고 실험 참가자는 다른 사람의 의견을 따라 원래 자신의 생각과 다른 행동을 했다. 더욱 놀라운 점은 실험 과정에서 참가자들은 다른 사람들의 의견을 따라 하라는 어떤 요구도 받은 적이 없다는 것이다.

왜 사람들은 다수의 의견에 동조하는가?

자신의 주관을 갖고 사는 것이 매우 중요하다는 것을 누구나 알고 있다. 그럼에도 불구하고 사람들은 다수의 의견을 따른다. 셰리프와 애쉬의 실험을 통해서도 알 수 있듯이, 불명확한 사실뿐 아니라 명확한 사실을 대할 때도 사람은 동조를 하게 된다. 왜 이런 일이 일어날까? 그 이유는 몇 가지로 설명이 가능하다.

첫째, 다수 행동의 정당성 추론이다. 일반적으로 사람들은 다수가 하는 일은 옳은 일이라는 믿음을 갖고 있다. '저렇게 많은 사람들이 같은 행동을 하는 데 무언가 이유가 있겠지.'라는 막연한 추론을 한다. 그래서 다수의 행동을 좇음으로서 안전한 선택을 하려는 것이다.

둘째, 선택오류 회피 성향이다. 사람은 스스로의 인지적 능력이 충분하지 못하다고 생각한다. 세상 모든 일의 이치를 알 수 없다는 것이다. 따라서 자신만의 독단적 선택은 무엇인가 잘못된 결과를 초래할 것이라고 생각하게 되고, 이때 발생하는 오류에서 벗어나려 한다. 그래서 타인의 의견을 통해 스스로의 한계를 보완하고자 하는 동기가 증가하게 된다. 이때 다수가 일관된 행동을 하는 것을 보게 되면, 선택오류를 회피하기 위해 다수에 동조하려는 경향이 증가하게 된다.

셋째, 소속감 가설이다. 개인은 다수로부터 배척받는 것을 싫어한다. 그래서 사람은 그룹을 만들고 여기에 소속됨으로서 심리적 안정을 찾으려 한다. 만약 다수의 의견과 다르게 행동하게 되면, 그룹 차원에서 배척받게 되는데, 이것을 그룹 따돌림이라고 한다. 그룹으로부터 호감을 받고 그룹의 배척을 피하려는 것은 거의 본능과 같아서, 설령 모르는 사람과의 관계라 할지라도 마찬가지다. 그래서 다수의 의견에 동조하려는 경향이 증가하게 된다.

구체적인 예를 들어보자. 한 사람이 등산을 갔다. 정상 근처에 두 개의 약수터가 있다. 그런데 먼저 온 등산객들 모두가 한 쪽의 약수터에만 줄을 서서 물을 마시고 있다. 만약 당신이 이 광경을 목격했다면 어떤 약수터의 물을 마시려 할까? 대부분의 경우는 사람들이 몰려 있는 약수터의 물을 마실 것이다. '사람들이 한 쪽 물만 먹는 것에는 이유가 있겠지.'라는 생각부터 '혹시 나만 다른 물 먹었다가 뭔가 문제가 생기면 어떻게 하지?' '나만 저쪽 물을 마시면 이상하게 보는 거 아냐?'와 같은 생각을 하게 된다. 우리는 이와 비슷한 예를 수없이 많은 곳에서 발견할 수 있다.

여기까지 살펴보면 모두가 예라고 할 때 아니라고 하는 것이 얼마나 어려운 것인지 알게 된다.

유행과 트렌드가 발생하는 까닭

우리는 셰리프와 애쉬의 실험을 통해 다수의 압력에서 개인이 자유로울 수 없다는 것을 확인했다. 이번에는 개인 차원을 떠나 사회적 차원의 동조 현상을 살펴보자. 사회적 차원의 동조 현상이 가장 강력하게 확인되는 것은 유행 또는 트렌드일 것이다.

2012년 현재, 대한민국은 LTE 스마트폰이 대유행이다. 애플의 아이폰으로 촉발된 스마트폰 열풍은 짧은 시간에 1000만 고객이 LTE 스마트폰을 구매하게 만들었다. 이처럼 짧은 시간 내에 이토록 많은 소비자가 움직인 원동력은 무엇일까? 그 이유는 바로 사회적 동조 때문이다.

같은 관점으로 다양한 유행과 트렌드의 현상을 설명할 수 있다. 어느 날 갑자기 앞머리를 높이 세운 머리모양이 유행하기도 하고, 물결무늬 넥타이가 유행하기도 하고, 굽 높은 킬힐이 유행하기도 한다. 유행은 자신의 취향과는 전혀 상관없는 타인의 생각이나 스타일에 동조하려는 것이다. 무엇인가 일단 유행이 되고 나면 세부적인 특징은 모두 사라지는 경향이 있다. 개인의 개성은 뒷전이 되고 만다. 그럼에도 불구하고, 대부분의 사람들은 유행에 뒤쳐졌다는 말을 듣고 싶지 않아서 혹은 시대의 흐름을 선도하는 사람임을 표현하기 위해서 유행을 따르게 된다. 그 이유는 무엇일까? 그 역시 앞서 이야기한 3가지 이유와 같다.

1. 다수의 행동은 정당할 것이라는 추론
2. 선택의 오류를 회피하려는 성향
3. 어딘가에 소속되려는 욕구

그렇다면 도대체 어느 정도의 사람들이 함께해야 동조가 발생할까? 애쉬는 동조 행위를 증가시키는 노출의 규모를 알기 위해 추가 실험을 실시했다. 동조가 발생할 수 있는 그룹의 크기를 2명에서 16명까지 다르게 배치해 살펴본 결과, 그룹의 규모가 대략 3~5명 수준일 때 가장 큰 동조가 발생한다는 사실을 발견했다. 그러니까 친밀감을 느낄 수 있는 대략 3~5명 정도 소속된 그룹에서 동조 효과가 가장 크다는 것이다. 이것은 친구 그룹이 3~5명일 때 일체감이 큰 것과 맥을 같이한다.

그러나 친구와 같이 친밀감이 높은 관계가 아닌 불특정 다수와의 관계에서는 몇 번의 노출이 유효할까? 세계적으로 독특한 연구를 하기로 유명한 스탠리 밀그램Stanley Milgram은 1969년 동조행위와 관련한 특별한 연구를 시행했다. 밀그램은 뉴욕 시 한복판에 있는 한 건물 밑에서 2명, 3명, 5명, 10명, 20명이 하늘을 바라보게 했다. 그리고 이때 얼마나 많은 사람들이 함께 하늘을 보는지를 측정했다. 우리의 예상대로, 하늘을 보는 사람이 많으면 많을수록 함께 하늘을 보는 동조자의 수도 늘어났다.

스탠리 밀그램의 실험은 애쉬의 실험과는 조금 다르다. 애쉬의 실험은 서로 간에 친밀감을 느낄 수 있는 폐쇄 공간인 실험실에서 시행된 반면, 스탠리 밀그램은 서로 간에 친밀감이 전혀 느껴지지 않는 열린 공간에서 시행된 것이다.

이 두 가지 연구를 통합해 생각한다면, 친밀감이 느껴지는 일정 규모의 그룹에서는 3~5회의 노출이 동조를 유도하는 데 상대적으로 유리하며, 개방된 그룹에서는 노출이 많으면 많을수록 동조의 효과가 증가했다.

소수는 영향력이 없을까?

이처럼 동조의 위력은 막강하다. 그런데 동조의 결과를 보면 자연스럽게 의문이 떠오른다. 그것은 다수의 의견만 영향력이 있고, 소수의 의견은 전혀 영향력이 없는가 하는 의문이다. 현재 어떤 의견이 다수의 지배적 의견이라 할지라도, 이 의견 역시 처음에는 소수의 의견으로 출발했을 것이다. 도대체 이런 소수의 의견들은 어떤 과정을 통해 다수의 의견이 되었을까?

셰리프와 애쉬는 이미 성립되어 있는 다수의 의견이 가진 영향력만을 증명했다. 그렇다면 어떤 과정을 거쳐 소수의 의견이 다수의 의견으로 성장하는지 살펴보는 것도 매우 중요한 일이 될 것이다.

여러분이라면 어떻게 이것을 탐색하겠는가? 애쉬의 실험이 있은 지 30여 년이 지난 후, 프랑스의 심리학자 세르주 모스코비치Serge Moscovici와 동료들은 이 질문에 대한 답을 찾는 연구를 시작한다.[16] 도대체 어떤 과정을 거쳐야 소수의 의견이 다수의 지배적 의견으로 성장하는가에 대한 답 말이다. 모스코비치는 애쉬의 연구 절차를 그대로 이용했지만, 이번에는 전혀 다른 결과를 유도해낸다. 즉 특정한 조건이 갖추어지면 소수의 의견에 의해 전체 의견이 바뀔 수 있다는 사실을 보여준 것이다.

모스코비치는 애쉬의 실험을 변형해, 참가자들에게 여러 장의 슬라이드를 보여주고 이것의 색깔을 맞추게 하는 실험을 실시했다. 실험실에 모인 참가자들은 아주 진한 청색에서 옅은 청색까지 명도 차이가 있는 여러 장의 청색 슬라이드를 연속해 보게 된다. 그리고 어떤 색의 슬라이드를 보았는지 말해달라는 요구를 받는다.

대부분의 참가자들은 청색 슬라이드라고 올바르게 응답한다. 그러나 이때 2명의 실험 보조자가 그들에게 제시된 것은 청색 슬라이드가 아니라 녹색 슬라이드였다고 이야기한다. 청색 슬라이드였는데 녹색 슬라이드였다고 틀린 주장을 하는 것이다.

이때 모스코비치는 소수 그룹이 보여주는 논리와 주장의 강도가 중요한 역할을 할 것이라 생각했다. 소수 그룹이 자신들의 의견을 조목조목 논리정연하고 강력하게 주장한다면 타인에게 영향을 줄 수 있다는 것이다.

결과는 모스코비치의 예상대로였다. 녹색 슬라이드를 보았다고 논리적이며 강력하게 주장한 실험 보조자 2명의 논리가 다른 참가자들에게 영향을 미쳐, 나머지 참가자들의 3분의 1이 적어도 하나 이상의 녹색 슬라이드를 보았다고 진술하게 된 것이다. 그들은 분명 청색 슬라이드를 보았고 녹색 슬라이드는 결코 본 적이 없다. 그런데 2명의 실험보조자가 녹색슬라이드를 보았다고 논리적으로 설명하니까 사람들이 여기에 반응해, 3분의 1이 녹색을 보았다고 자신의 기억을 수정한 것이다.

우리는 일반적으로 다수의 의견을 추종한다. 그것이 인간이 갖고 있는 일반적 성향이다. 그러나 소수의 의견이 논리 정연해 설득력이 있으면 오히려 소수의 의견이 다수를 바꾸기도 한다. 소수의 논리가 여러 번 반복될수록 그 효과는 증가한다. 모스코비치의 실험은 그 사실을 잘 보여준 것이다.

{ 생각의 확장 }

 앞에서 찾은 동조라는 심리 실험 결과에서 우리가 얻을 수 있는 것은 무엇일까?

 첫째, 개인이건 기업이건 스스로의 논리 정연함이 필요하다는 것을 알 수 있다. 왜냐하면 타인을 설득할 수 있는 첫 번째 조건이 자체의 논리성이다. 이것이 없으면 어떠한 형태의 주장도 빛을 잃게 된다. 사람들이 그 주장을 결코 수용하지 않기 때문이다.

 둘째, 자신의 논리에 대한 믿음과 강한 주장이다. 마코비치의 연구에 따르면 논리성 못지않게 중요한 것이 주장의 강도다. 그 사람의 주장에 대한 신념이 느껴져야 다른 사람이 동조할 가능성이 높아진다. 이렇게 되려면 무엇이 필요할까? 자신의 논리에 대한 믿음과 강한 주장이다. 스스로의 논리에 대한 믿음이 없이 어떻게 다른 사람을 설득할 수 있겠는가?

 셋째, 자신의 메시지에 대한 전달 빈도를 높여야 한다. 애쉬의 실험에 따르면 3~5회의 전달이 유효하고, 밀그램의 연구에 따르면 전달 빈도가 높으면 높을수록 동조의 영향력은 커진다. 그렇다면 개인과 기업의 메시지 전달은 어떻게 되어야 할까? 최소한 5회 이상 전달되어야 타인에게 영향력을 끼칠 수 있다.

위에서 논의한 3가지 정도의 조건이 갖추어지면 다른 사람을 나의 의견에 동조시킬 수 있다. 이것을 모른 채, 물 흐르는 대로 살다보면 스스로의 관점으로 살아가기보다는 다수의 의견을 따라가는 동조자의 태도를 갖기 쉬워진다. 그렇게 되어서는 스스로를 삶의 주인으로 살아가는 사람이라 칭하기 어려울 것이다. 다른 사람의 의견을 주도할 것인가 따라갈 것인가는 동조를 어떻게 활용하느냐에 달려 있다고 봐도 과언이 아닐 것이다.

제4장

돈의 심리적 위력

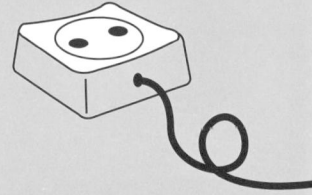

돈의 위력은 얼마나 강할까? 수많은 사람들이 돈 때문에 울고, 돈 때문에 웃는다. 경우에 따라서는 공부를 하는 이유도, 대학에 가는 이유도, 직장을 잡는 이유도 어떻게 보면 돈 때문인 것처럼 보이기도 한다. 이것이 사실이건 아니건, 많은 사람들이 돈을 희망한다. 실제로 돈의 위력은 어느 정도일까? 돈이 지닌 힘을 테스트한 흥미로운 연구를 살펴보자.

10센트의 힘

사람은 어떤 경우에 타인에게 친절해질까? 돈이 많을 때일까? 힘이 셀 때일까? 아니면 다른 사람에게 줄 수 있는 게 많을 때일까? 앨리스 아이센Alice Isen과 파울라 레빈Paula Levin의 연구 결과에 따르면 짧게나마 행복을 느낄 때 타인에게 친절해진다고 한다.[17]

아이센과 레빈은 기분일치 효과mood congruence effect에 주목했다. 기분일치 효과란 자신의 사고나 행동이 현재의 기분과 일치하는 방향으로 움직인다는 것이다. 예를 들어, 날씨가 화창하고 맑은 날에는 자신도 모르게 행복을 느끼게 되는데, 이럴 경우 타인에게 보다 호의를 베풀게 된다는 것이다. 이것을 어떻게 증명할 수 있을까? 어떻게 하면 사람들을 행복하게 만들 수 있을 것이며, 그에 따른 친절도를 어떻게 측정할 수 있을까?

아이센과 레빈은 기대치 않았던 행운을 주어 사람들의 마음을 순간적으로 행복하게 만들었다. 공중전화기에 전화를 거는 사람들이 통화를 마치고, 수화기를 내려놓으면 10센트(약 100원)짜리 동전이 저절로 나오게 만들었다. 전화를 끊으면 그걸로 끝인데, 오히려 10센트 동전이 나오게 만든 것이다. 미처 기대하지 않았던 10센트를 거저 얻게 된 실험 참가자는 잠시 동안 행복해질 것이며, 이때 타인에게 얼마나 호의를 베푸는지 측정한 것이다.

아이센과 레빈은 샌프란시스코와 필라델피아의 쇼핑센터에 설치된 공중전화를 이용해, 쇼핑센터를 이용하는 사람들을 대상으로 실험했다. 공중전화를 이용하고 나오는 사람들을 두 가지 그룹으로 나누었다. 전화를 끊고 동전을 꺼내려고 반환구에 손을 넣으면 10센트 동전을 발견하게 되는 그룹과 반환구에 동전이 있지 않은 그룹으로 나눈 것이다. 그리고 이 두 그룹 사람들이 전화부스를 나올 때, 서류를 들고 있는 여성 실험 보조자가 넘어졌을 경우 이후에 어떻게 행동하는지를 살펴보았다. 실험 참가자는 남성 17명, 여성 24명으로 총 41명이었다.

결과는 놀라웠다. 횡재를 한 사람들은 여성이 넘어졌을 때 도움을 주는 경우가 87.5퍼센트에 달했다. 반면 횡재가 없는 보통의 경우에는 단 4퍼센트만이 도움을 주었다. 사람은 기분 좋을 때 타인을 더 많이 돕는다는 것을 보여주는 결과다.

여기서 어떤 통찰을 얻을 수 있을까? 누군가로부터 도움받을 일이 있다면 그 사람이 기분 좋을 때 찾아가야 한다는 것이다. 그러면 도움을 받을 확률이 월등히 높아진다. 이유는 무엇인가? 기분 일치 효과가 작용하기 때문이다.

고통을 줄여주는 돈다발

돈은 고통도 줄여줄까? 돈은 사회적 가치를 얻을 수 있는 지름길이다. 먹을 것, 입을 것, 자신을 표현하는 것 등등. 돈은 무엇이든 선택할 수 있게 해준다. 과연 돈의 보상은 사회적 거부에 대한 고통을 무디게 해줄까? 결론적으로 돈을 획득하는 것은 육체적 고통을 감소시키고, 돈을 사용하는 것은 고통을 증가시키게 된다. 이에 관한 싱유 저우Xinyue Zhou와 캐슬린 보Kathleen Vohs, 로이 바우마이스터Roy Baumeister의 창의적 연구를 살펴보자.[18]

이 연구자들은 돈이 사회적 왕따를 대체할 수 있는지 궁금해했다. 사실 왕따를 당하면 외롭고 비참한 기분을 느끼게 된다. 이렇게 왕따를 당한 사람들은 돈을 더 희망할까? 그럴 수 있다. 왜냐하면 좌절된 마음을 다른 것을 통해 보상받고 싶어지기 때문이다. 그만큼 소외는 개인 생활에 적지 않은 영향을 미치는데, 진짜로 소외감이 돈을 더 갈구하게 만드는지 실험 내용을 통해 확인해보자.

첫 번째 실험은 72명의 학생을 대상으로 진행되었다(남학생 24명, 여학생 48명). 이들은 간단한 실험에 대한 질문에 5분간 답한 뒤 분리된 방으로 안내되었다. 각자의 방에 들어간 실험 참가자들은 두 명이 한 팀이 되어 수행할 과제가 있다고 안내받고, 누구를 파트너로 선택할 지 결정하게 된다.

그러나 이들의 응답은 단지 실험을 위해 진행된 질문이었으며, 실제로는 무시되었다. 대신에 연구자의 의도에 따라 무선으로 실험 참가자들은 두 가지 그룹으로 배정되었다. 첫 번째 그룹 사람들에게는 "모든 사람이 당신을 파트너로 원하고 있어요."라고 말해주었고, 두 번째 그룹 사람들에게는 "아무도 당신을 파트너로 원하지 않았어요." 라고 말해주었다.

첫 번째 그룹 사람들은 모두로부터 선택되었으니 행복감을 느끼겠지만, 두 번째 그룹 사람들은 모두로부터 배척되었으니 심리적 소외감을 느끼게 된다. 일종의 왕따를 인위적으로 만든 것이다.

그리고 이들에게 1달러짜리 동전을 그리라고 과제를 주고, 돈에 관해 몇 가지 질문을 던졌다. 어떤 결과가 나타났을까? 흥미롭게도 왕따 그룹에 속한 사람들이 동전의 크기를 더 크게 그렸다. 그리고 돈을 통해 더 많은 즐거움을 얻어야 한다고 응답했다. 또한 기부하게 된다면 더 적은 돈을 기부할 것이라고 대답했다. 이들 3가지 질문에 대한 측정치는 상관관계가 매우 높게 나타났다. 즉 왕따를 당하게 되면 더 많은 돈을 원하고, 더 즐거운 것으로 보상받으려 하며, 기부는 덜 하려고 한다는 의미다.

첫 번째 실험이 왕따를 조건으로 이루어졌다면, 두 번째 실험은 누구나 느끼는 고통과 돈의 관계를 탐색했다. 일반적으로 고통에 노출되면 무엇인가 보상을 받으려고 하는데, 이때 돈에 대한 욕망이 더 커지는지 살펴보는 실험이다. 남자 28명, 여자 64명으로 이루어진 총 92명의 대학생들을 대상으로, 2가지 그룹으로 나누어 실험을 진행했다.

첫 번째 그룹은 고통이라는 생각이 강화되는 상황을 만들었다. 이들에게는 고통이 떠오를 수 있는 단어의 조합을 제시하고 잘 읽어보라고 지시한다. 이때 제시되는 단어는 두통, 고통, 참을 수 없는 아픔과 같은 단어들이다. 이들 단어에 노출되면 고통이라는 개념이 활성화된다.

두 번째 그룹 사람들에게는 고통과 아무 상관없는 단어를 제시한다. 예를 들어 돌, 점심, 셔츠 등의 단어를 제시한다. 이들 단어는 일상생활에서 접하는 것들로, 고통과는 아무런 상관이 없는 단어다.

이후 이들에게 종이 위에 사이즈가 조금씩 다른 10개의 원을 보여주었다. 그리고 이 10개의 원 중 어느 것이 진짜 동전의 크기와 같은지 선택하는 과제를 주었다.

실험의 결과는 매우 흥미로웠다. 고통이라는 생각이 강화되는 조건에 놓인 그룹의 실험 참가자들이 더 큰 사이즈의 원을 선택하는 것으로 나타났다. 다시 말해 고통이라는 개념에 노출된 사람일수록 더 큰 사이즈의 원을 실제 돈의 크기라고 생각한 것이다. 이 결과는 고통의 개념에 노출되면, 더 많은 돈을 원하는 것으로 볼 수 있다. 더욱 흥미로운 사실은 이들이 돈으로 더 유명하거나 가치가 더 큰 제품을 구매하고 싶어 한다는 것이다.

세 번째 실험은 실제로 돈을 셌을 때 어떤 심리적, 물리적 변화가 발생하는지 살펴보는 것이었다. 84명 대학생(52명 여자, 32명 남자)을 대상으로 2가지 과제를 부여했다. 한 그룹의 실험 참가자들은 1달러짜리 100장을 주고 80장을 세게 했고, 다른 그룹의 실험 참가자들에게는 돈이 아니라 종이 100장을 주고 80장을 세는 과제를 주었다. 이후 이 두 그룹 사람들에게 2가지 조건을 제시했다. 4명이 공을 가지고 게임을 하게 하면서 한 쪽에서는 4명이 공평하게 공을 토스하게 하고(스트레스 없는 조건), 한 쪽에서는 특정인을 제외한 3명끼리만 토스하게 했다(스트레스 높은 조건). 즉 인공적으로 누군가 한 명을 왕따시키는 게임을 한 것이다. 이때 진짜 돈을 센 사람들과 종이를 센 사람들이 느끼는 스트레스 정도에 차이가 나는지를 살펴보았다.

그 결과, 진짜 돈을 센 집단의 사회적 스트레스 지수가 현격히 낮은

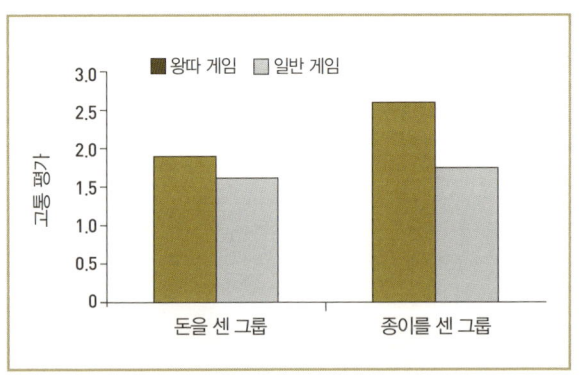

것으로 나타났다. 진짜 돈을 센 집단은 왕따를 당하더라도 고통을 덜 느끼는 반면, 종이를 센 집단은 왕따를 당하게 되면 더 많은 고통을 느끼는 것으로 나타났다.

네 번째 실험에서는 심리적 고통이 아닌 물리적 고통을 줄여주는지를 검증해보는 실험이다. 먼저 세 번째 실험과 같이 두 그룹으로 나누어 진짜 돈과 종이를 세게 한 뒤, 이번에는 공을 가지고 하는 게임 대신 고통-민감도pain-sensitivity 측정 실험을 2가지 조건으로 실시했다. 손을 구조물 위에 올리도록 하고 고정시킨 다음, 왼쪽 검지와 중지를 뜨거운 물에 3번 담근다. 첫 번째 조건은 섭씨 43도에서 90초, 섭씨 50도에서 30초, 섭씨 43도에서 60초 동안 차례로 손을 담근다. 두 번째 조건은 고통이 좀 더 적은 조건으로, 섭씨 43도에서 60초간 손을 담그게 한다.

그 결과, 진짜 돈을 셌던 쪽이 첫 번째 조건에서 더 고통의 강도를 낮게 느끼는 것으로 나타났다.

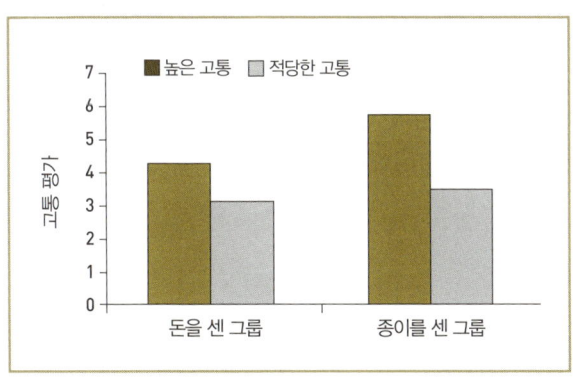

진짜 돈을 세는 것만으로도 물리적, 신체적 고통을 적게 느낀 것이다. 사람들이 돈을 얼마나 좋아하는지를 증명해주는 흥미로운 실험이다. 돈은 외로움도 견디게 해주며, 육체적 고통까지도 참아낼 수 있는 힘을 준다. 따라서 우리가 돈을 미워하지 않고 좋아한다는 사실을 인정해야 한다. 우리는 단지 세는 것만으로도 심리적, 육체적 고통이 사라질 정도로 돈을 좋아하고 있다.

다섯 번째 실험에서는 돈을 세는 것이 아닌, 쓰는 것을 생각하는 것이 어떤 힘을 갖고 있는지를 테스트해보려는 목적을 갖고 있었다. 돈을 쓴다고 생각하는 것만으로도 고통을 다르게 느낄까? 이 실험은 모두 108명의 참가자를 대상으로(남자 76명, 여자 32명) 두 그룹으로 나누어 진행되었다. 첫 번째 그룹은 지난 30일 동안 쓴 비용을 적게 하고, 두 번째 그룹은 지난 30일 동안의 날씨를 적게 했다. 그리고 이 두 그룹에게 세 번째 실험에서 했던, 인공적으로 왕따를 시키는 게임을 진행했다.

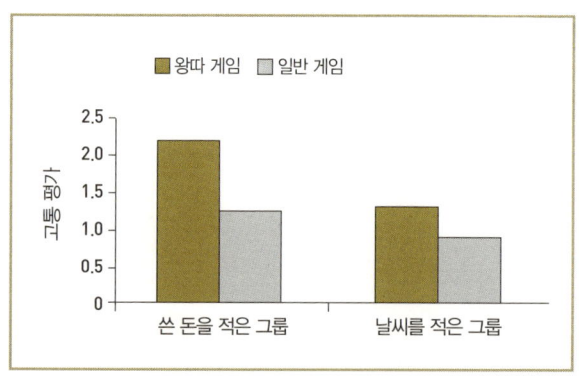

결과는 매우 흥미로웠다. 돈 쓴 것을 기록하라고 지시받은 집단이 그렇지 않은 집단에 비해 왕따 상황에서 훨씬 더 스트레스를 받는다고 느끼는 것으로 나타났다. 반면 왕따 상황에서도 날씨를 쓰게 한 집단은 스트레스를 덜 받는 것으로 나타났다. 그래프에서 볼 수 있는 것과 마찬가지로 비용 지출을 적은 그룹이 왕따를 당하는 조건에서 훨씬 스트레스지수가 높게 나타났다. 다시 말해 돈 쓰는 것을 생각한 집단은 그렇지 않은 집단에 비해 왕따 상황을 더 심각하게 받아들인 것이다.

여섯 번째 실험은 돈이 신체적인 고통을 높이거나 완화시켜줄 수 있는지 테스트하는 것이었다. 이 실험은 네 번째 실험과 유사하게 진행되었다. 96명이 학생 실험 참가자(남자 40명, 여자 56명)를 대상으로 첫 번째 그룹에게는 지난 30일 동안 쓴 비용을 적게 하고, 두 번째 그룹에게는 지난 30일 동안의 날씨를 적게 했다. 그리고 이 두 그룹에게 네 번째 실험에서 했던, 고통-민감도 측정을 실시했다. 손을 구조

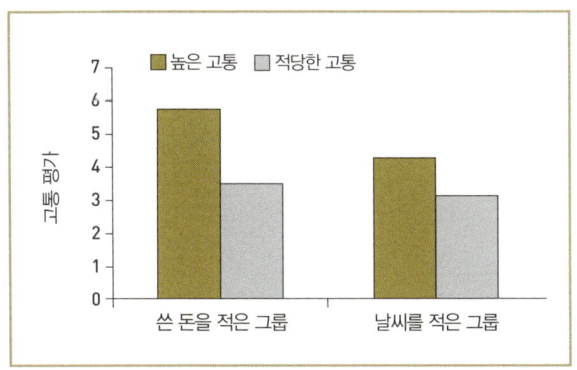

물 위에 올리도록 해 고정시킨 다음 왼쪽 검지와 중지를 뜨거운 물에 3번 담그는 실험이다.

    결과는 어떻게 나왔을까? 충분히 예측할 수 있듯이, 돈을 지출하는 조건에서 더 큰 고통을 느끼는 것으로 나타났다. 앞 쪽의 그래프에서 보듯이 날씨를 쓴 그룹보다 돈의 지출을 쓴 그룹이 높은 고통 조건에서 더 많은 고통을 느꼈다.

{ 생각의 확장 }

  기독교에서는 부자가 천국에 가는 것이 낙타가 바늘 구멍을 통과하는 것처럼 어렵다고 한다. 불교에서는 인생은 공수래공수거, 부와 명예는 부질 없는 것이라고 한다. 그래서 다 내려놓으라고 한다. 이슬람 역시 돈을 탐하는 것은 신의 의지에 어긋난다고 한다. 그렇지만 인간세상의 사람들은 신의 의지에 상관없이, 눈만 뜨면 돈을 벌기위해 노력한다. 많은 죄의식이 돈 때문에 발생한다. 신은 돈을 버리라고 하는데, 인간은 돈을 탐한다. 그러고는 주말이면 예배당에 모여 죄를 사하여 달라고 기도한다. 왜 이럴까 궁금했다. 왜 신의 의지대로 행동하지 않으면서, 죄의식을 갖고 또 회개하려고 하는 걸까?
  지금까지 살펴본 연구결과를 보면, 신의 의지와 상관없이 사람의 심리에 미치는 돈의 위력이 매우 크다는 것을 알 수 있다. 아무리 신의 의지라 하여도, 돈은 사람을 외로움과 고통에서 벗어나게 해주는 효과를 갖고 있다. 작은 돈이라도 횡재를 하게 되면 타인을 도와주는 비율이 월등히 증가하고, 돈을 생각하는 것만으로도 고통이 감소되고, 고통을 인내할 수 있게 된다. 반대로 고통을 느끼면, 더 많은 돈을 갈구하게 된다. 돈을 단지 손으로 만지거나 얼마인지 세기만 하여도 심리적으로 고통이 줄어들고, 왕따인 상황도 견디게 해준다. 사람이 가장 견디기 힘든 고통 중의 하나가 왕따를 당하는 것이다. 왕따를 당하면, 사회생활 자체가 어렵기 때문이다.

이런 고통까지 견딜 수 있게 해주는 돈. 이제 우리는 돈에 대한 죄의식에서 벗어나 돈이 인간에게 주는 긍정적 심리 효과를 적극적으로 활용해 보는 것은 어떨까?

여러분은 보험설계사들이 사은품으로 많이 제공하는 '행운의 2달러'를 아시는지? 그레이스 켈리가 1956년 〈상류사회〉라는 영화에 출연했을 때 함께 연기한 프랭크 시나트라로부터 2달러 지폐를 선물받았는데, 그 후 그녀가 모나코 왕국의 왕비가 되자 2달러 지폐는 '행운의 돈'이라는 속설이 생겨났다고 한다. 그 2달러짜리 지폐 모형을 작은 액자에 넣은 것이 '행운의 2달러'다. 그걸 탁자 위에 올려놓고 뭔가 중요한 일을 해야 하거나, 힘든 일을 견뎌야 할 때 들여다보는 사람들이 의외로 많다. 그들만의 '돈의 리츄얼'인 셈인데 앞서 본 심리 실험들은 이런 리츄얼이 상당한 효과가 있음을 보여주었다. 배금주의나 탐욕으로 번지지 않는다면 '돈의 리츄얼'은 분명 상당한 효과가 있음을 앞의 실험들이 증명하고 있는 것이다.

제5장

남의 떡이 더 커 보여?

남의 떡이 커 보이고, 사촌이 땅을 사면 배가 아픈 것이 우리의 마음이라고 한다. 하지만 이런 마음을 깨달을 때마다 스스로가 초라하게 느껴지기도 한다. '왜 내 마음은 밴댕이 속처럼 작아서 다른 사람이 잘 되는 것을 축하해주지 못하는 걸까?' 이런 식으로 스스로를 자책하기도 한다. 하지만 이것은 결코 내가 못된 사람이라서가 아니다. 인간이라면 누구나 느끼는 감정이다.

비교는 왜 하는 걸까?

나는 아들만 둘이 있다. 큰애는 중학교 2학년이고, 둘째는 초등학교 1학년이다. 꽤 터울이 있는 편이지만 형제가 싸우는 것에는 터울이 필요 없다. 대부분의 아이들이 그렇듯이 우리 아들들 역시 먹을 것으로 티격태격 많이 한다. 예를 들어, 떠먹는 아이스크림을 먹을 때면 서로 상대방이 더 많이 먹었다고 투덜댄다. 피자도 상대방의 것이 더 크다고 다시 잘라달라고 한다.

이런 현상은 비단 아이들의 세상에만 있는 것은 아니다. 나 역시 마찬가지다. 단독주택에 살 때는 아파트가 좋아 보이더니, 아파트에 살고 보니 단독주택이 더 좋아 보인다. 다시 단독주택으로 가면 아파트가 좋아 보일까? 그럴지도 모르겠지만 무언가 불편한 점 생기면 다시 아파트로 가고 싶어질 것이다. 왜 그럴까? 사람은 매사 비교를 통해 사물을 판단하기 때문이다. 의식적으로든 무의식적으로든 나와 다른 사람을 비교해 스스로를 판단하고 다음 행동을 결정하기 때문이다. 이렇게 스스로를 주변과 끊임없이 비교 평가하려는 경향을 가리켜 '사회 비교 모형Social Comparison Model'이라고 부른다.

사람의 능력은 절대적인 잣대가 있는 것이 아니라 상대적인 비교에 의해서만 정의될 수 있기 때문에, 자신과 주변의 상황을 끊임없이 비교 평가하고 자신의 상태를 판단하려 한다. 그렇다면 사람은 왜 이렇게 비교를 열심히 하는 걸까? 그 이유는 크게 인지적 관점과 진화적 관점으로 살펴볼 수 있다.

인지적 관점으로 본다면 사람은 스스로를 더 멋진 사람으로 인식하려는 경향성을 갖고 있다. 이를 심리학에서는 '자기 고양성Self Enhancement Orientation'이라고 부른다. 매사 사물을 판단하고 행동할 때, 사람은 자기 자신을 더 우월한 존재로 인식하려는 욕구를 갖고 있다. 그래서 비교 과정을 통해 자신보다 우월하다고 판단되는 대상에 대해 더 직관적으로 반응하게 된다. 내가 더 우월해지기 위해 상대방의 장점에 민감히 반응하고, 그 장점이 나에게 없다는 사실에 큰 상실감을 느끼게 된다.

진화론적 관점으로의 해석도 가능하다. 인간은 원시 시대 때부터 한정된 자원을 놓고 경쟁하는 사회에서 상대적 경쟁 우위점을 가진 자만이 후손을 이어갈 수 있었다. 시간이 지남에 따라 자연스럽게 사회 비교 활동을 통해 우월한 능력을 배양한 사람만이 자연 선택되었고, 그들의 DNA가 지금의 인류 안에 남아 있는 것이다. 이렇게 비교 활동을 왕성히 하게 되면 어떤 결과가 나오게 될까?

사람은 주변의 내용을 비교 평가해, 최종적으로 다음의 두 가지 대안을 맞게 된다. 비교된 대상에 동화assimilation될 것인가 대조contrast될 것인가? 동화된다는 것은 비교 활동을 통해 파악한 대상의 특징이나 결과에 근접한 방향으로 이동하는 것이며, 대조된다는 것은 그 결과의 반대로 간다는 것을 말한다.

예를 들어, 박세리가 US 오픈에서 우승하는 장면을 보고 수많은 박세리 키즈가 탄생한 것은 동화 효과로 설명할 수 있다. 그러나 박세리와 경쟁하던 프로골퍼가 좌절감을 느껴 스스로에게 실망했다면 이것은 대조 효과가 발생한 것이다. 그렇다면 어떤 경우에 동화 효과가 발생하고 어떤 경우에 대조 효과가 발생할까? 이 부분에 대하여는 수많은 연구가 진행되었지만, 대표적인 내용 한두 가지만 소개하고자 한다.

동화될 것인가 대조될 것인가를 결정짓는 가장 중요한 요인은 바로 나와의 유사성을 얼마나 많이 갖고 있느냐이다. 인간은 비교 대상과 자신을 비교하면서 자기도 모르는 상태에서 비교 대상과 자신의 유사성을 탐색하게 된다. 이때 비교 대상과의 유사성이 인지되면 동화 효과가 발생하고, 그렇지 않으면 대조 효과가 발생하게 된다. 예를 들어, 박세리 키즈가 탄생한 것은 그들이 박세리와의 유사성을 많이 지각했기 때문이다. 이런 측면에서 인생의 롤모델role model은 자신이 닮고 싶은, 유사성이 높거나 높아지고 싶은 대상을 의미한다.

가정에서 어린아이에게 위인전을 많이 보여주는 것은 그들과의 유사성을 높이기 위한 부모들의 바람이 담겨 있는 행동이다. 하지만 비교 과정을 통해 유사성을 쉽게 인식하지 못할 경우에는 반대로 대조 효과가 일어날 확률이 높아진다. 박세리의 우승에 좌절한 다른 여자 프로골퍼는 박세리를 닮고 싶은 롤모델로 생각하기보다는 이겨야 하는 경쟁대상으로 보았을 확률이 더 높다. 그렇기에 그녀와의 차이가 더 커졌다는 생각에 좌절하게 된 거이다.

그런데 우리는 왜 타인과의 비교를 반복하는가? 그 이유는 타인과 자신을 비교함으로서, 궁극적으로 경쟁력을 높이고 자신감을 회복하려고 하기 때문이다. 비교 활동은 상대적인 판단을 반복하는 것인데, 이런 활동을 통해 자신이 타인에 비해 못지 않다는 점을 확인하고 스스로의 자존감을 높이는 것이다.

남의 떡이 더 커 보이는 까닭

이삿짐센터에서 일하고 있는 김 군은 오늘도 하루 종일 마음이 불편하다. 그 이유는 같이 일하는 이 군 때문인데, 그가 항상 자기보다 가벼운 짐을 들고 있다고 생각되었다. 나름의 관점으로 이리저리 살펴보아도 항상 자신이 이 군보다 더 무거운 짐을 들고 있는 게 분명한 것 같다. 마음이 불편해 이 군에게 이런 말을 건네보면 항상 같은 답이 돌아온다.

"나도 무거워. 너만 그런 거 아니야."

실제 이 군이 드는 짐은 김 군의 짐보다 결코 가볍지 않다. 이삿짐을 나를 때 더 가벼운 것을 골라서 들기도 어려울뿐더러, 이 군은 오히려 자신이 김 군보다 더 무거운 짐을 들고 있다고 생각하고 있었다.

김 군과 이 군은 서로 자신의 짐이 더 무겁다고 생각한다. 왜 이런 일이 벌어진 것일까? 이러한 현상의 원인을 찾아보고자 안토니오 해밀톤Antonia Hamilton 등은 흥미로운 연구를 진행했다.[19]

연구자들은 실험 참가자들로 하여금 실제 일정한 무게의 박스를 직접 옮기면서 컴퓨터 모니터로 특정 인물이 박스를 옮기는 동영상을 보게 했다. 그리고 나서 컴퓨터 화면에 보이는 박스의 무게를 추정해 보도록 했다. 과연 어떤 결과가 나왔을까?

실험은 크게 두 가지 그룹으로 진행되었다. 실험 그룹에게는 실험 참가자들에게 실제 박스를 옮기도록 하면서 비디오를 통해 제시되는 자극의 무게를 판단하는 과제를 주었고, 통제 그룹에게는 실험 참가자가 특별히 무거운 것을 들지 않고 단지 화면 속의 여자가 박스를 옮기는 것을 보고 무게를 판단하는 과제만을 수행하게 했다. 화면 속의 장면은 1초간 제시되었다. 그런 후 참가자들에게 화면 속의 여자가 들고 있는 박스의 무게를 추정하게 했다. 자신이 무거운 박스를 들고 있을 때와 가벼운 박스를 들고 있을 때, 화면 속의 여자가 들고 있는 박스의 무게를 어떻게 생각할까를 살펴보는 것이 이 연구의 주된 관심사였다. 화면에 제시된 동영상은 다음과 같았으며, 이런 화면이 50g에서 850g까지 무게별로 나뉘어 제시되었다.

결과는 어떻게 나타났을까? 연구 참여자들은 자신이 무거운 박스를 들고 있을 때 화면 속의 여자가 들고 있는 박스의 무게를 가볍다고 판단했다. 반면 자신이 가벼운 박스를 들 때에는 화면 속의 여자가 들고 있는 박스를 실제보다 무겁다고 판단하는 것으로 나타났다. 이런 결과는 일종의 대조 효과를 보여주는 것이다. 우리는 대부분 내가 무거운 물건을 들고 있으면 실제보다 더 손해를 보고 있다고 생각하고, 반대로 내가 든 물건이 가벼우면 훨씬 이득이 된다고 판단한다.

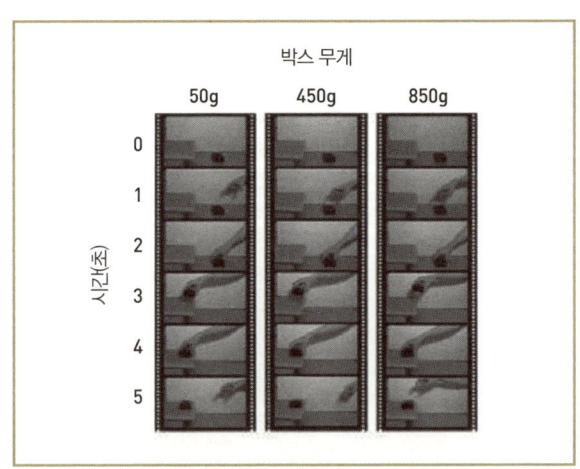

사촌이 땅을 사면 왜 배가 아프지?

이번에는 조금 더 직접적인 실험을 소개하고자 한다. 히데히코 타카하시Hidehiko Takahashi 등은 인간의 비교 심리를 기능성 자기공명 촬영장치fMRI를 사용해 신경학적 메커니즘을 규명했다.[20] 이들은 두 번의 실험을 통해 질투심을 유발했을 때 활성화가 되는 뇌 부위와 질투심의 대상이 불행한 일을 겪었을 때 활성화되는 뇌 부위를 찾았다. 그 결과, 한 개인은 능력이 뛰어난 타인이 나와 관련된 특성이 없다면 질투를 느끼지 않지만 나와 관련된 특성이 있는 타인이라면 강한 질투심을 느끼며, 그 타인이 불행한 일을 겪었을 때 강한 쾌감을 느낀다는 것을 보여주었다. 사촌이 땅을 사면 배가 아프다는 이야기를 실험을 통해 증명한 것이다. 실험 과정은 이렇게 이루어졌다.

19명의 남자 참가자를 선발해 4개의 시나리오를 제시했다. 연구자는 참가자에게 아래 3개의 비교대상 중 1명에 대한 시나리오를 보여주고, 이 비교대상과 자신을 동일시해보라고 지시했다.

남자A 이 남자는 뛰어난 능력을 소유했으며, 최상위 대학을 졸업하고 좋은 직업을 가지고 있으며, 주인공과 직접 비교되는 인물이다.

여자B 이 여자는 뛰어난 능력을 소유했으며, 최상위 대학을 졸업하고 좋은 직업을 가지고 있으며, 주인공과 직접 비교되는 인물은 아니다.

여자C 이 여자는 평범한 능력을 소유했으며, 평균 정도의 대학을 졸업하고 보통 직업을 가지고 있으며, 주인공과 직접 비교되는 인물은 아니다.

첫 번째 실험에서 참가자는 이러한 시나리오를 읽은 후 자기공명 촬영장치에 들어가 뇌 사진을 촬영했다. 이 과정이 끝난 후 '얼마나 질투심을 느꼈는지' 설문지로 답하게 했다(1점=질투심을 느끼지 않았음, 6점=굉장히 질투심을 느낌).

그 결과, 참가자들은 남자A(M=4)에 대해, 여자B(M=2)나 여자C(M=1.0)보다 더 강한 질투심을 느꼈다고 평가했다. 또 뇌 반응을 알아본 결과, 등쪽전두대피질dorsal Anterior Cingulated Cortex, dACC의 활성화의 정도가 남자A가 여자C보다 더 큰 것으로 나타났다. 등쪽전두대피질이 활성화된다는 의미는 그만큼 고통이 크다는 것을 의미하며, 이곳은 특히 자기개념self-concept이 낮아질 때 활성화된다. 즉 남자A에 대해 더 큰 질투심을 느끼고 스스로와 비교를 하자 자기개념이 낮아진 것이다.

이어 두 번째 실험이 진행되었다. 참가자는 첫 번째 실험에서 본 시나리오 중에서 남자A와 여자C가 이후 각각 불행한 일을 겪게 된다는 시나리오를 읽은 후 자기공명 촬영장치에 들어가 뇌 사진을 촬영하고, 이 과정이 끝난 후 '얼마나 즐거운지'를 설문지로 답하게 했다(1점=즐겁지 않음, 6점=굉장히 즐거움).

두 번째 실험은 비교 대상에게 불행한 일이 벌어질 때 참가자들이 어떤 반응을 보이는지 알아보는 것이다. 이 실험을 통해 나타난 결과, 남자A가 불행한 일을 겪었을 때(M=3.3)가 여자C가 불행한 일을 겪었을 때보다(M=1.0) 더 기뻐했다.

사람은 종종 타인과 비교했을 때, 타인이 나보다 우위에 있다고 판단하면 질투심을 느낀다. 그리고 이러한 질투심의 결과, 남들이 가진 것을 빼앗고 싶어 하거나 없어지길 바란다. 또한 비교된 타인에게 불행이 닥친다면 고소해하는 마음을 갖기도 한다. 예를 들어, 학교에서 공부를 잘하는 영수는 자기와 라이벌 관계에 있는 철수의 일거수일투족에 관심을 가지며, 철수가 만약 자기보다 시험을 잘 보았다면 질투심을 느낄 것이다. 그리고 영수는 철수가 다음 시험을 망치거나 자신이 철수보다 잘 보기를 원한다. 또한 철수가 다음 시험을 망쳤다면 영수는 고소해하는 마음을 가질 것이다.

{ 생각의 확장 }

남의 떡이 커 보인다고 남의 떡을 빼앗아 먹을 수 없고, 사촌이 땅을 사서 배가 아프다고 사촌의 땅을 빼앗을 수는 없다. 그렇다면 이런 질투의 힘을 활용하는 방법은 없을까?

타인의 성공에 대하여 질투심을 느끼는 것은 결국 자기 자신이 더욱 발전하고 싶다고 하는 숨어 있는 욕구의 표출이다. 열등감의 심리학으로 유명한 알프레드 아들러Alfred Adler는 '열등감 콤플렉스'를 통해 개인이 발전할 수 있다는 점을 역설한다. 그는 스스로의 모자란 점과 결핍을 보충하고, 뛰어 넘어가려는 의지에 의해 더욱 성장하고 발전할 수 있다고 말했다. 그러니까 부족함이 문제가 아니라, 그것을 어떻게 받아들이고 극복해 나가느냐가 더 중요하다는 것이다.

우리는 앞의 심리 실험들을 통해 인간은 누구나 의식적이든 무의식적이든 남과 비교하며 살아간다는 것을 알았다. 또한 그 비교 대상이 자신과 직접적으로 비교 가능한 대상인 경우, 강한 질투심으로 느끼며 상대방의 불행을 바라고 그가 갖고 있는 것을 뺏고 싶은 시기심으로 발전한다는 것도 알았다. 그렇다면 아이에게 '엄친아'인 엄마친구아들이나 옆집 명문대 간 형님의 이야기를 들려주는 건 아이의 질투심만을 자극할 뿐이라는 것 역시 자명한 일이다.

그보다는 아이의 꿈을 대변하는 '롤모델'을 함께 찾아보는 것은 어떨까. 〈슈팅 라이크 베컴〉이라는 영화의 주인공 제스는 자신의 방 침대 위 벽에 커다란 베컴 사진을 붙여놓았다. 여자 프로축구 선수가 되고픈 그녀의 롤모델이다. 제스는 인도계 영국인 가정의 딸이기에 그녀의 부모는 얌전히 있다 시집이나 가라며 그녀가 축구하는 것을 강력히 반대한다. 그럴 때마다 제스는 제 방에 붙은 베컴 사진과 대화를 나눈다. 제스만의 '리츄얼'인 셈이다. 이렇게 자신만의 리츄얼을 갖고 노력하던 그녀는 마침내 모든 역경을 뚫고 미국 여자 프로축구팀의 선수로 스카우트된다.

짜증 섞인 '엄마 친구 아들 누구는……'으로 시작하는 비교보다는 아이의 취미와 적성을 바탕으로 한 '롤모델'을 찾고 그 롤모델을 통해 아이의 발전을 꾀하는 '리츄얼'을 함께 만들어보는 것이 현명한 선택 아닐까.

제6장

마지막 초콜릿이 더 맛있어

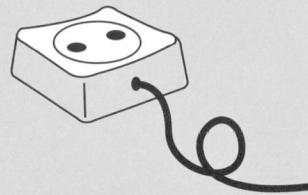

내일 죽는 사람에게 오늘의 가치는 무엇보다 클 것이다. 지나온 수많은 날보다 마지막인 오늘의 안타까움이 더욱 클 것이다. 이런 현상은 삶의 곳곳에서 발견된다. 뭐든지 마지막이라면 갑자기 가치가 올라간다. 마지막이 더 좋아 보이는 이유는 무엇일까? 그 생각을 내 마음대로 조절할 수는 없을까?

먹지 못해 더 맛있는 음식

주말 오후 늦은 시간, 나와 아내는 주말이면 항상 들르던 파스타 집으로 향했다. 그 가게는 특히 해산물을 넣은 크림스파게티와 다양한 채소를 토핑한 피자가 일품인 집이었다. 어떻게 된 일인가? 그 파스타 집은 평소보다 이른 시간임에도 불구하고, 이미 영업을 마치고 문을 닫은 상태였다. 나와 아내는 몹시 아쉬웠다. 일요일 저녁마다 가벼운 파스타와 이탈리아식 커피를 마시면서 주말을 마무리했는데 문을 닫았으니 아쉬울 수밖에…….

우리는 차를 돌려 조금 떨어져 있는 한식집에서 간단히 국수를 먹고 돌아왔다. 흥미로운 것은 그 한식집의 국수가 이전에는 꽤 먹을 만했는데 그날만은 예전만 못하게 느껴졌다는 것이다. 저녁을 먹어서 배가 부르긴 했지만, 밤늦게까지 먹지 못한 파스타에 대한 아쉬움은 계속되었다. 먹고 싶었던 것을 먹지 못한 것에 대한 상실감이랄까? 우리는 아쉬운 마음을 뒤로 한 채, 다음 주를 기약해야만 했다.

이런 일은 누구에게나 있다. 만약 가고 싶었던 그 레스토랑이 문을 닫았다면 그곳에서 먹은 마지막 음식들의 맛은 어떻게 기억될까? 더 맛있었던 것으로 기억될까? 아니면 보통의 맛으로 기억될까? 일반적으로 사람들은 마지막에 경험했던 것을 더 즐겁고 행복했던 것으로 기억하는 성향이 강하다. 예를 들어 졸업식은 입학식보다 기억에 더 많이 남는다. 더 이상 그 학교의 학생이 아니기 때문이다.

내가 아는 한 선배는 한 회사를 30년 다닌 후 정년퇴임을 했다. 이분은 누구보다 그 회사를 사랑했다. 이분이 정년퇴직을 한 그 회사는 2012년 현재 애플과 세계적인 소송을 진행 중에 있다. 그런데 내 주변의 많은 사람들은 소송의 과정과 결과를 중립적으로 보려고 노력하는 데 비해, 이분은 완전히 편파적이다. 자신이 퇴직한 회사를 100퍼센트 두둔한다. 애플이 문제를 가지고 있어서 이런 일이 생겼다는 것이다. 소송 결과야 법적으로 가려질 것이지만, 이분은 유난히 자신이 소속되었던 회사의 억울함을 토로한다. 왜 이럴까? 다양한 이유가 있겠지만 더 이상 다닐 수 없는 그 회사에 대한 마음이 이분의 태도에 큰 영향을 끼쳤을 것이다.

이처럼 마지막이라는 것은 실제 의미보다 더욱 강력한 기억으로 남는다. 그래서 우리는 헤어진 연인과의 마지막 장면을 더 오래 기억하는지도 모른다.

우리는 날마다 마지막 이벤트를 경험한다. 책의 마지막 장을 읽고, 드라마의 마지막 회를 보고, 아이의 졸업식에 참여하고, 빵의 마지막 한 입을 먹고, 잠자기 전 마지막 인사를 한다. 그런데 날마다 일어나는 마지막 이벤트를 별 생각 없이 보낸다. 그저 '원래 그런 것이니……' 하며 새털같이 많은 날 중 하나로 생각한다. 그러나 이것이 마지막이라는 것을 알게 되면 어떻게 될까? 이 경험을 이제는 다시 못한다는 것을 생각하면, 그때 비로소 마지막이란 개념이 인식이 활성화되어 갑자기 안타까워지고 가치가 증가하고 삶에 대해 더 좋은 태도를 갖게 되지는 않을까? 만약 그렇다면 마지막이라는 감정을 활용해 우리 삶을 더 가치 있고 행복하게 만들 수는 없을까?

이 흥미로운 현상을 에드 오브라이언Ed O'Brien과 피비 엘즈워스 Phoebe C. Ellsworth가 발견하고 증명했다.[21] 이들의 연구를 조금 더 자세히 살펴보자.

마지막 초콜릿이 더 맛있다

실험에는 전부 52명의 사람들이 참가했다. 이중 28명은 남학생이었고 24명은 여학생이었다. 이들에게는 각각 5개씩의 초콜릿을 순차적으로 제공되었다. 제공된 초콜릿은 허쉬에서 나온 키세스 초콜릿이란 제품으로, 각각 밀크, 다크, 크림, 카라멜, 아몬드 초콜릿이 순서 없이 무작위로 주어졌다. 초콜릿이 든 불투명한 바구니에서 순차적으로 꺼내어 5개의 초콜릿을 연속적으로 맛보게 했으며, 매 초콜릿을 먹었을 때마다 방금 맛 본 초콜릿이 얼마나 맛있었는지 평가하게 했다.

실험은 크게 두 개의 그룹으로 나누어 시행되었다. 한 그룹에게는 "이것은 당신에게 드리는 다음번 초콜릿입니다."라는 말과 함께 5개의 초콜릿을 순차적으로 제공했다. 다른 그룹에게는 1~4번째 초콜릿까지는 "이것은 당신에게 드리는 다음번 초콜릿입니다."라고 똑같이 말했지만, 마지막 5번째 초콜릿에 대해서는 "이것이 당신에게 드리는 마지막 초콜릿입니다."라고 '마지막'이란 점을 강조했다.

다시 말해, 이 두 그룹은 모두 동일한 말을 들었지만 마지막 5번째 초콜릿에 대해서는 서로 다른 말을 들은 것이다. 어떤 결과가 나왔을까?

결과는 아래의 표와 같이 나왔다. 첫 번째부터 네 번째 초콜릿까지

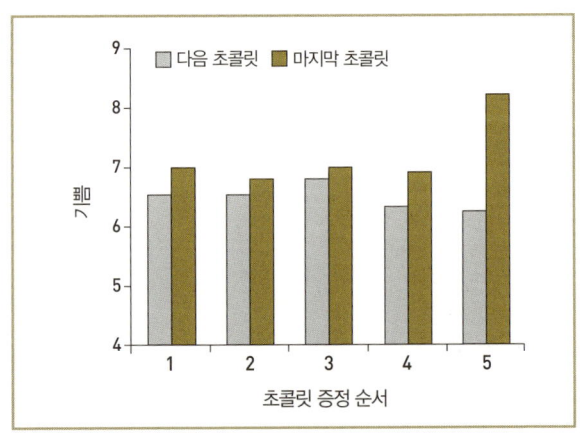

는 '다음 초콜릿' 조건의 그룹과 '마지막 초콜릿' 조건의 그룹 간의 차이가 없는 것으로 나타났다.

그러나 마지막 5번째 초콜릿에 대해서는 '마지막 초콜릿' 조건의 그룹이 8.18점으로 나타났고, '다음 초콜릿' 조건의 그룹이 6.26점으로 나타나 통계적으로 월등한 차이를 보였다. 아주 흥미로운 결과가 나타난 것이다.

이 결과를 보면 마지막이라는 감정의 막강한 힘을 알 수 있다. 종료를 예측한다는 것은 사람에게 다양한 생각을 하게 만들고, 마지막 것의 가치를 가장 크게 지각하게 만든다. 마지막이란 단어가 실험 참가자들에게 더 이상 초콜릿은 없을 것이라는 상실감을 활성화시켰고, 참가자들은 상실감으로 인해 그 가치를 더 크게 느꼈다. "이 초콜릿이 마지막이에요."라고 하면, 똑같은 제품임에도 불구하고 가장 맛있는 초콜릿으로 기억하게 된다. 그 이유는 더 이상 맛볼 수 없는 것이기 손실된 지각이 더욱 크게 느껴지기 때문이다.

사람은 대개 힘든 과정을 겪더라도 마지막에 대하여는 긍정적인 반응을 하는 경우가 많다. 사회적으로 가치 있는 일, 도덕적인 일에 대해서는 더더욱 마지막에 대한 아쉬움이 커지기 마련이다.

이번에는 내 예를 들어보겠다. 내가 군에 입대한 날은 1986년 11월 16일이었다. 논산에서 6주 훈련을 받고 자대 배치를 1987년 1월에 했다. 지금도 그렇겠지만, 논산 훈련소의 마지막 훈련은 각개전투 훈련으로 마감된다. 논산의 각개전투 훈련장은 황산벌이다. 이곳은 물과 진흙이 엉켜 있어서 발이 한 번 빠지면 마치 늪처럼 빠져들어 나오기도 쉽지 않다. 그런데 이곳에서 했던 그 각개전투 훈련을 나는 결코 잊지 못한다.

영하 1~2도의 추운 날 진눈깨비가 오고 있었다. 훈련병들은 땅에서 기어다니다가 뛰어다니다가 하니, 점차 눈과 얼음이 녹아 범벅이 된 진흙이 온몸을 뒤덮었다. 온몸이 두께 3센티미터의 진흙으로 도포가 되어 서로의 얼굴조차 알아보지 못할 정도였다. 그 추운 날 달랑 훈련복 한 장에, 물과 얼음이 섞여 있는 땅에서 낮은 포복, 높은 포복, 앞으로 취침, 뒤로 취침을 하며 하루 종일 뛰어다녔다. 그때 처음으로 겪어봤다, 이러다가 죽는구나 하는 심정을.

논산 훈련소의 각개전투 훈련은 지금까지 살아오면서 가장 힘든 일로 기억될 만큼 어려운 훈련이었다. 훈련이 마감되고 해가 저무는 그 추운 야지에서 '어머니 은혜'를 부르면서 훈련생 전원이 펑펑 울었던 기억이 난다. 그런데 돌이켜보면 군대에서의 추억 중 논산 훈련소의 각개전투 훈련이 가장 기억에 남는다. 어떻게 보면 가장 즐거웠던 추억처럼 생각된다. 그런데 다시 하라고 하면 할 수 있을까? 아마 못할 것이다.

무슨 일이든 시작이 있으면 끝이 있기 마련이다. 시작할 때는 끝이 없을 것 같지만 막상 지나고 보면 하나하나가 아쉽다. 그래서 마지막 경험이 더 즐겁고, 행복했던 것으로 기억된다. 똑같은 초콜릿이지만 '마지막입니다'라는 단서가 붙으면 갑자기 맛있게 느껴지고 가치가 높아지는 것 역시 마찬가지다.

우리의 삶에서 마지막이란 감정을 어떻게 활용할 수 있을까? 지금 이 순간을 내 삶의 마지막이라고 생각해보는 것은 어떨까? 하루하루 똑같은 날을 보내는 것 같지만 어제와 오늘은 전혀 다르다. 날마다 마지막 날이라고 생각하면 매일의 가치가 증가할 것이다.

나는 산에 자주 간다. 집 앞에 광교산이라는 낮은 산이 있는데, 일주일에 적어도 3번은 올라간다. 어떤 때는 아침에 올라가고, 어떤 때는 오후에, 어떤 때는 조금 어두워질 때 올라간다. 비가 와도 가고, 눈이 와도 간다. 처음에는 건강에 좋다고 해서 올라갔는데 지금은 산이 재미있다. 흥미로운 사실은 항상 똑같은 코스를 지나가는데도 날마다 느낌이 다르다는 것이다. 어떤 때는 밝고, 어떤 때는 무겁고, 어떤 때는 가볍다. 항상 밟고 오르는 그 계단도 날마다 느낌이 다르다. 나는 매일 이렇게 생각한다. 지금 오르는 이 산의 풍경은 오늘 경험하는 마지막 광교산이라고.

누군가 이야기했다. "강물에 몸을 담그면 같은 물인 적이 한 번도 없다. 다만 사람이 같은 물이라고 착각할 뿐이다." 우리는 날마다 마지막을 산다. 마지막 경험임을 잊지 않으면 행복지수가 증가하게 된다. 내 가족, 친구, 이웃, 동료 등등 이들과의 즐거움을 잊지 말아야 한다. 이것이 마지막 초콜릿일지도 모르니까……

놓친 고기가 진짜 더 큰 걸까?

낚시꾼들 사이에는 모두가 다 아는 거짓말이 있다. 엄청난 크기의 고기를 잡았는데, 그만 놓치고 말았다는 것이다. 그 낚시꾼이 놓친 물고기는 정말 그렇게 컸을까? 그럴 리가 없다. 적당한 크기이거나 아니면 아주 작은 송사리만 한 크기였을지도 모른다.

2008년 호주로 여행을 갔는데 하루는 바다낚시를 하기로 했다. 멜버른의 바다는 우리나라 바다보다 더 넓어 광활한 느낌이 들었다. 바닷가에 낚싯대를 드리우고 한참을 기다리고 있는데, 같이 간 동료의 낚싯대에 입질이 왔다. 꽤 무거운 느낌이었다. 잠깐의 밀고 당기기 끝에 물고기가 물위로 올라왔다. 커다란 농어였다. 펄떡이는 농어를 뜰채로 잡아 올리려는 순간, 낚시 바늘이 빠져 농어는 물속으로 풍덩 다시 들어가고 말았다. 1시간 기다린 끝에 겨우 잡은 한 마리를 끝내 놓치고야 만 것이다. 못내 아쉬웠다. 결국 그날은 한 마리도 못 잡고 쓸쓸히 돌아왔다.

돌아오는 차 안에서 물고기를 놓친 그 동료가 계속 아쉬움을 쏟아냈다.

"한 50센티미터는 되는 건데, 놓쳐버렸네……."

"무슨 소리야? 30센티미터 정도인 것 같던데."

"아니야! 분명히 50센티미터를 훨씬 넘었다고!"

"나 참, 놓친 고기가 더 커 보인다더니……. 이게 딱 그 상황이구만."

내가 보기에도 꽤 큰 고기인 것은 맞지만, 50센티미터는 아니었다. 하지만 동료는 50센티미터였다고 우겼다. 그는 물고기를 놓쳤기 때문에 크게 느낀 것이다.

비슷한 경험은 또 있다. 중학교 때, 미성년자 관람불가 영화를 보기 위해 영화관에 몰래 들어간 적이 몇 번 있다. 우리 동네에 경미극장이란 곳이 있었는데, 평일에는 경비가 허술해서 영화 간판을 그리기 위해 만들어놓은 넓은 공터를 통해 몰래 들어가곤 했다.

그날은 추석날로 기억된다. 당시 인기 배우였던 윤미라 씨 주연의 영화를 친구랑 둘이서 몰래 훔쳐보기로 했다. 기웃거리던 우리는 아무도 없는 것을 보고, 후다닥 뒷문으로 들어갔다. 그런데 친구는 무사히 들어갔지만, 뒤따라가던 나는 그만 문 앞에서 경비 아저씨에게 잡혔다. 꿀밤을 한 10대 맞고 쪼그려 뛰기 50번 한 뒤 그대로 쫓겨나고 말았다. 보기를 원했던 그 영화도 못 보고 벌만 서고 쫓겨났다. 머리 아프고 다리 아픈 것도 화가 났지만, 보려던 그 영화를 나만 못 보게 되어 더 화가 났다.

놓친 고기도 그렇고 못 본 영화도 그렇고, 하고 싶었던 것이 불가능해지면 왜 이렇게 아쉬움이 커지는 걸까? 그것은 심리적 상실감 때문이다. 내가 할 수 있었던 일을 무언가에 의해 갑자기 못하게 되면 심리적 상실감은 증가하게 된다. 이처럼 할 수 있는 일을 할 수 없게 되었을 때 느끼는 심리적 반발을 '리액턴스Reactance'라고 한다. 리액턴스는 비단 낚시 등에서만 벌어지는 일은 아니다. 소비자 구매의사 결정 과정에서도 이런 일은 빈번히 일어난다.

1972년 미국의 마이애미 주 플로리다에서는 환경문제로 인(燐)이 들어간 가루비누의 생산과 판매를 금지시켰다. 반면 마이애미 주 템파에서는 인이 들어간 가루비누의 생산과 판매를 아직 허용하고 있었다. 플로리다와 템파 양쪽 모두에서 인이 들어간 가루비누를 자유롭게 구매할 수 있었는데, 어느 날 갑자기 플로리다에서만 구매할 수 없게 된 것이다. 소비자들은 어떻게 반응했을까?

시간이 지난 후 인이 들어간 가루비누에 대해 어떻게 생각하는지를 조사했다. 그 결과, 플로리다에 거주하는 소비자들은 인이 들어간 가루비누를 훨씬 더 좋은 제품으로 인식하는 것으로 나타났다. 쓰지 못하게 되니까 훨씬 좋은 제품이라고 생각하게 된 것이다. 왜 이런 일이 벌어졌을까? 지금까지 자신의 의지대로 구매할 수 있던 제품을 갑자기 자신의 의지대로 구매할 수 없게 되자 지각된 상실감이 커졌고, 해당 제품에 대한 가치를 실제보다 더 크게 인식한 것이다.

너무 거창한 이야기만 한 것 같다. 우리 주변의 예를 들어보자. 내 친구 A는 30년 동안 담배를 피워온 애연가다. 그 친구는 죽을 때까지 담배를 피우겠다고 말한다. 자기 집안에는 담배 피우다 암에 걸린 사람이 없고, 지금 자신의 건강도 매우 양호하니 계속 피워도 될 것 같다는 것이다.

그런데 최근 들어 자유롭게 피우던 담배를 이곳저곳에서 제약하는 경우가 많아졌다. 일단 아내가 과거보다 더 강력히 금연을 요청하고,

두 딸이 여기에 가세하면서 금연 압력이 높아졌다. 이런 압력은 오래전부터 있던 일이라 참을 수 있었는데 문제는 집 밖이었다. 법이 개정되면서 식당이나 술집, 거리에서조차 담배를 피우면 벌금을 내는 상황이 온 것이다. 애연가인 친구는 드디어 화가 폭발했다.

"아니, 법적으로는 판매를 허용하면서 길에서도 못 피게 하면 어쩌자는 거야?"

나는 담배를 피우지 않는다. 그래서 이 친구의 고충을 이해하지 못한다. 그런데 이 친구와 같은 생각을 하는 애연가는 매우 많은 것 같다.

이처럼 하고 싶은 것을 못하게 하면 심리적 반발, 즉 리액턴스가 상당히 증폭된다. 잭 브렘Jack Brehm은 가상의 실험 상황을 구성해, 리액턴스의 효과를 증명했다.[22] 스스로 선택할 수 있었던 걸 어느 순간 못하게 만들면 상실감이 대폭 증가한다는 것을 증명한 실험이다. 이들의 실험 과정을 좀 더 자세히 살펴보자.

브렘은 레코드 회사의 시장 조사라는 가상 상황을 만들어 리액턴스의 효과를 실험했다. 레코드 회사의 시장 조사에 참여할 참가자로 대학생들을 모집했고, 이들을 대상으로 음악적 취향을 조사하는 설문을 실시했다.

조사 첫날 4종의 포크송을 들려주고 각자의 취향에 따라 매력 정도를 평가해달라고 요청했다. 실험 참가자들은 4종의 포크송을 듣고 각자의 관점으로 1등부터 4등까지 순위를 매겼다. 그러고는 그 다음날 또 한 번의 설문이 있을 것이라는 사실을 알려주었다. 이때 내일 설문이 끝나면 답례로 네 장의 레코드 가운데 한 장을 각자 골라 가질 수 있게 해주겠다고 말했다.

조사 둘째 날 역시 4종의 포크송을 들려주고 다시 한 번 매력 정도를 평가하게 했다. 둘째 날 실험에서는 크게 두 그룹으로 나누어 서로 다른 메시지를 전달했다. 한 그룹은 아무런 변화 없이 어제 논의한 대로 4개의 포크송을 모두 듣게 했다. 반면 다른 한 그룹은 노래를 듣기 전, 실험자로부터 다음과 같은 사과의 말을 전달받았다. "미안한 일이 발생했습니다. 어제 여러분께 약속한 레코드가 오늘 아침 도착했는데, 중간에 착오가 생겨서 네 장 가운데 한 장이 누락되고 말았습니다." 누락된 레코드는 어제 실험 참가 대학생이 3등으로 평가한 것이었다. 이후 모든 참가자들은 4장의 레코드에 대한 매력 정도를 어제와 동일하게 평가했다.

그 결과, 레코드가 4장 전부 도착한 것으로 알고 있는 그룹과 한 레코드가 빠진 것으로 알고 있는 그룹의 평가 사이에 차이가 발생했다. 4장 모두 도착한 것으로 알고 있는 그룹에서는 레코드에 대한 매력도 평가가 전날과 차이 없이 1등부터 4등까지 동일한 순서로 나타났지만, 3등으로 평가한 레코드가 빠진 경우에는 이 레코드의 매력도가 전날보다 높게 나타났다. 다시 말해 선택권이 없어져버린 제품에 대해서 순간적으로 호의도가 증가한 것이다.

이처럼 선택권이 없어져 버린 제품에 대해 호의도가 증가하는 것 역시 리액턴스로, 자기가 무엇을 원하느냐에 상관없이 일어난다. 이것은 상황에 따라 일어나는 것으로, 무엇인가 빼앗겼다는 인식이 발생하면 이를 회복하려는 마음에서 나오는 자연발생적인 심리 현상이다.

　나에게는 아들만 둘이 있다. 딸이 있었으면 하는 마음이 있지만 그것은 사람의 힘으로 어쩔 수 있는 일이 아니니 둘째 아들을 딸 삼자고 생각하고 있었다. 그런데 얼마 전까지 뽀뽀도 하고 잘 안기던 둘째가 태권도를 배운 뒤부터는 아빠를 걷어차기만 한다. 늦게 본 둘째라 더 귀엽고 예쁘더니, 이제는 집에서 애교를 부리기는커녕 발로 차기만 하는 녀석이 되어버렸다. 늘 해오던 뽀뽀며 달려와 안기는 것이 어느 날부터 없어져 버렸다. 이제는 시간이 갈수록 둘째 녀석과의 상호 소통은 점점 더 줄어들겠지 하는 생각에 더욱 아쉬움이 커진다. 리액턴스가 증가할 수밖에 없는 상황이다.

　이런 리액턴스 효과를 어떻게 하면 임의로 극대화시킬 수 있을까? 평소 당연히 소유할 수 있을 것이라고 생각되는 것을 제한하면 된다. 연인 사이, 부부 사이는 말할 것도 없고, 고객을 대할 때에도 당연하다고 생각되는 것을 제한하면 그 순간 가치가 급속히 증가하게 된다. 예를 들어, 잘 팔리지 않는 물건에 비싼 값을 매기면 갑자기 구매할 수 있는 능력이 제한된다. 그렇게 되면 리액턴스가 갑자기 올라가게 된다. 한정판 출시는 대표적인 리액턴스를 보여주는 사례다. 한정판 주화, 한정판 모자, 한정판 특산물은 소수에게만 제품과 서비스의 혜택을 제공함으로서 사람들의 리액턴스를 유도한다.

금방 다 팔렸는데요?

리액턴스 효과를 제대로 보여주는 실험이 있다. 아주 독창적이고 흥미로운 실험이다. 노버트 슈워츠Norbert Schwarz는 또 다른 연구에서 많은 손님들이 제품이 떨어졌다고 하면 더 갖고 싶어 하는 현상에 관심을 갖고, 백화점 구매 상황에 맞추어 리액턴스 효과가 어떻게 나타나는지 살펴보았다.[23] 실험 과정을 따라가보자.

백화점에 들른 여성 소비자가 고가의 물건을 살펴보기 위해 이리저리 정보탐색을 하고 있을 때 점원이 다가간다. 점원은 손님 옆에서 잠깐 서 있다가 따뜻한 웃음과 함께 다음과 같은 말을 한다.

"손님, 정말 안목이 높으시군요. 물건도 좋고 가격도 괜찮습니다만, 20분 전에 마지막 물건이 다 팔렸습니다. 안타깝네요."

이 말을 들은 손님은 어떤 반응을 보였을까? 이런 말을 들은 손님들은 실망하는 표정이 역력했으며, 이제는 살 수 없는 물건이어서 그런지 그 가치를 실제의 가치보다 더 높게 평가했다. 물론 구매하고 싶어 하는 욕구도 더 증가했다. 지금까지는 당연히 내가 선택만 하면 구매할 수 있는 제품이었는데, 이제는 갖고 싶어도 갖지 못하는 제품으로 바뀌어버린 것이다. 이후 손님들의 반응은 다음과 같았다.

"혹시 창고에 재고가 남아 있지 않을까요?"

"다른 대리점에 이 물건이 남아 있는지 알아봐주세요."

이때 판매원이 다음과 같은 질문을 한다.

"손님, 이 제품은 아마 다른 대리점에도 없을 겁니다. 정말 이 물건이 사고 싶으시다면 본사에 연락해서 재고를 찾아보겠습니다. 그런데 경우에 따라서는 며칠 기다리셔야 할지도 모르겠습니다."

그러면 대부분의 손님은 이렇게 답했다.

"괜찮아요. 찾아봐주세요. 이 제품이 있기만 하면 살 겁니다. 어서 알아봐주세요."

판매원은 알아보겠다고 하고, 창고에 들어가서 일정 시간을 보내고 나온다. 그러고는 마침 다른 곳에서 이 제품의 재고가 몇 개 남아 있다는 사실을 알려준 뒤, 손님을 계산대로 인도했다. 자, 이제 어떤 결과가 나타났을까? 조금 전까지 반드시 구매하겠다고 하던 그 손님이 재고 있다는 것을 확인하는 순간, 이번에는 구매 욕구가 적어지는 것으로 나타났다. 무슨 일이 벌어진 건가? 없으면 사고 싶고, 있으면 사고 싶지 않아지는 거다.

이 연구는 매우 흥미로운 결과를 보여주었다. 재고가 없다는 것을 알게 되면 가치가 증대되지만, 재고가 있다는 것을 알게 되면 가치가 떨어지게 된다. 이유는 무엇일까? 구매할 수 없다는 상실감과 희소성이 제품의 가치를 높여준 것이다. 이처럼 사람은 스스로의 선택에 의해 무언가를 결정할 수 없게 되었을 때 그 대상에 대한 가치가 급격히 올라간다. 이것은 무엇을 의미하는가? 마지막이 되거나, 더 이상 구매할 수 없거나, 희소한 것만 가치가 높은 것으로 인식된다는 것이다.

이런 리액턴스를 가장 잘 활용하는 것이 바로 홈쇼핑이다. 홈쇼핑을 보고 있으면 끊임없이 마지막으로 몇 개가 남았다, 시간이 얼마 남지 않았다고 이야기한다. 나 역시 얼른 전화기를 들고, 다 팔리기 전에 사야 할 것만 같다. 그래서인지 대부분의 사람들은 홈쇼핑으로 산 물건을 한두 개씩은 갖고 있다. 쇼핑을 하면서 판매원들이 우리의 마음을 흔들기 위해 노력한다는 사실을 잊지 않는다면 합리적인 쇼핑을 할 수 있을 것이다.

생각의 확장

　우리 생활 속에서 어떻게 리액턴스를 이용할 수 있을까? 핵심은 3가지다. 마지막을 인식하거나, 자율 선택권의 중요성을 지각하거나, 희소성을 깨닫는 것이다. 사람은 누구나 마지막인 것을 아쉬워하고, 스스로의 선택을 제한받으면 더욱 욕망하고, 희소하면 갖고 싶어 한다. 직장에서 누가 성공할까? 리액턴스를 유도하는 사람이다. 누가 사랑받을까? 리액턴스를 유도하는 사람이다. 누가 사업에서 성공할까? 리액턴스를 유도하는 사람이다.

　하지 말라고 하면 더 하고 싶어지는 게 인지상정이지만 아이들 교육에서는 특히 이 사실을 잊어서는 안 된다. 내 아들 녀석만 해도 공부하라고 말하면 하기 싫으니 안 하겠다고 대답한다. 시험 때만 되면 시도 때도 없이 머리가 아프다고 누워 있다. 가만히 보면 진짜 머리가 아픈 것도 같다. 얼마나 하기 싫으면 머리가 아플까 싶어, 하지 말라고 말했다. 그랬더니 이번에는 또 공부를 해야 한다고 대답한다. 참 신기했다. 하라고 했더니 안 한다고 하고, 하지 말라고 했더니 한다고 말한다. 이때 다시 한

번 깨달았다. 사람에게는 이처럼 '자율 선택권'이 중요한 거구나. 그래서 아이에게 스스로 목표를 세우게 도와주고, 원하는 공부를 자율적으로 선택하게 도와주었다.

핵심은 아이가 스스로 진단하고 결정하게 하는 것이었다. 나와 내 아내는 단지 조언을 해주는 선에서 머물렀다. 절대 아이의 결정 권한은 침해하지 않았다. 그렇게 몇 년을 보내니 이제는 스스로 알아서 공부를 한다. 정확히 말하면 스스로 알아서 결정을 한다. 이게 중요한 거다. 스스로 결정하는 인생을 어려서부터 살 수 있도록 도와줘야 한다. 그렇게 몇 년을 하고 나니 이제는 공부도 곧잘 한다. 아무런 사교육 없이도 스스로의 장단점을 이해하고 있으며, 어떤 꿈을 꾸며 어떤 인생을 살고 싶은지 엄마 아빠랑 꽤 심도 있는 대화도 나눈다.

생각해보면 나도 어렸을 때 나의 어머니가 이것저것 시키는 것을 몹시 싫어했다. 음악을 하고 싶은데 집에서는 절대 금지였다. 결국 친구 집을 전전하다 음악은 이도저도 아닌 상태가 되어버렸고, 리액턴스만 남았다. 그때 음악을 하지 못한 게 못내 아쉬워서인지 지금도 음악을 하고 싶은 마음에 직장인 밴드에 들기도 했다. 이런 걸 보면 사람에게는 자율 선택권이 매우 중요하다는 사실을 새삼 깨닫게 된다.

한편 '리액턴스'를 조금 더 확장해보면 삶을 훨씬 더 진지하고 소중하게 살아가게 하는 계기가 될 수 있다. 우리가 흔히 듣는 "오늘 당신이 허비한 하루는 어제 죽어가던 이가 그토록 바라던 내일입니다."라는 말은, '하루'의 희소성을 환기시켜 삶의 소중함을 절실히 느끼게 하는 대표적인

'리액턴스' 활용이다. 그리고 그것을 '리츄얼'화한 것이 바로 죽기 전에 해보고 싶은 일을 리스트업한 '버킷리스트'다.

우리는 평상시 건강할 때는 삶이 영원히 지속될 것처럼 착각하며 살아간다. 그래서 소중한 하루하루를 의미 없이 소파에 드러누워 텔레비전을 보며 소비하면서도 아까워하지 않는다. 그러나 어느 날 내게 남은 날이 얼마 남지 않았다고 진단을 받으면 그때부터 미뤄두었던 일들을 진작할 걸이라며 후회한다. 『멈추지 마, 꿈부터 써봐』의 저자인 김수영 씨는 73가지 꿈을 리스트업하고 그 중에서 40여 가지를 현실화했다고 한다. 그녀가 73가지의 버킷리스트를 작성한 건 '골드만삭스'라는 회사에 입사하기 전 신체검사에서 '암'이 발견되었을 때라고 한다. 지금은 잘 치료하고 전 세계를 누비면서 세계인의 꿈을 탐구하며 멋진 삶을 누리지만 그때는 세상이 무너지는 줄 알았다고 한다. 그렇게 '마지막'은 갑작스럽다. 삶은 언제나 우리에게 주어지는 것이 아니다. 그래서 '유서'를 미리 쓰거나 '묘비명'을 미리 준비하는 리츄얼은 우리의 남은 삶을 의미 있고 경건하게 만들어준다. 또 버킷리스트를 작성하고 그것을 하나하나 실행하고 지워나가는 리츄얼은 우리를 관습과 일상의 족쇄에 머물지 않고 도전하고 경험하고 느끼게 해준다. 혹시 지금 삶이 진부하고 지겹게 느껴진다면 펜을 들고 '버킷리스트'를 작성해보는 것은 어떨까.

제7장

나는 물만 먹어도 살이 쪄

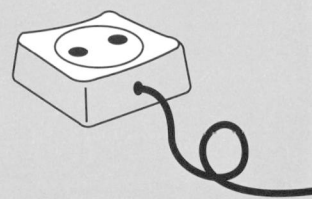

비만의 위협이 점점 더 증가하고 있다. 비만의 위험을 경고하는 메시지가 늘어나고 있지만, 비만인의 비율은 줄어들지 않는다. 우리는 무의식중에 다이어트를 방해하는 행동을 하고 있는 건 아닐까? 여기 소개하는 세 가지 비만 관련 연구를 통해, 우리는 우리가 생각지도 못한 곳에 함정이 있음을 알게 될 것이다. 함정이 있다는 것을 알게 되면 피하기도 쉬워질 것이다.

뚱뚱했던 나의 이야기

나는 고등학교를 졸업한 이후 15킬로그램이나 살이 쪘다. 한 번도 빠진 적 없이, 꾸준히 지속적으로 살이 쪘다. 고등학교를 갓 졸업했을 때는 그야말로 스타일 좋은 남자였다. 나름 괜찮았던 몸매는 군대를 다녀오고 복학하면서 엉망이 되어버렸다.

복학생이 되니 나이는 먹었고, 미래에 대한 불안감은 큰데 공부는 힘들었다. 그래서 이런 저런 일을 핑계로 자주 술을 마셨다. 어렵사리 졸업을 하고 취업을 한 후에는 야근에 회식에 계속 살찌는 상황이 늘어났다. 살찌는 것이 고민하던 시기도 잠깐, 어느 순간을 넘으니 살찌는 것에 대해 담대해졌다.

"먹고 죽은 귀신은 때깔도 좋다는데……. 에라, 모르겠다. 일단 먹고 보자!"

시간이 갈수록 비만은 더해갔다. 그런데 마흔 살이 넘고 나니 생각이 바뀌었다. 이제는 스타일의 문제가 아니라 생명 연장의 문제로 바뀐 것이다. 조금만 운동을 하면 숨이 턱까지 차 가슴이 터질 것만 같았고, 바지 단추가 더 이상 잠기지 않아 무려 4인치를 늘려 입었다. 이러다 바지에 고무줄을 넣어 입어야 하는 것은 아닌지 하는 생각까지 들었다.

그동안 다이어트를 하겠다는 수많은 다짐과 시도가 있었다. 실제 식사량도 여러 번 줄여봤다. 며칠 단식을 하면 체중이 줄기는 했지만, 단식을 끝내고 식사를 다시 시작하면 처음의 체중을 단 하루 만에 초과해버렸다. 나는 원래 살이 찌는 체질임을 부인할 수가 없었다. 하지만 스스로 이런 생각을 하고 있는 나 자신 역시 패배자 같아 우울해졌다.

그런데 다이어트에 대한 고민은 비단 나만의 것은 아니었던 거 같다. 나처럼 건강과 비만에 관한 관심을 갖는 사람은 점점 더 많아지지만, 어찌된 일인지 사람들의 몸무게는 더욱 무거워져만 간다. 어찌된 일인가?

이쯤 되면 비만은 사회적 문제가 되고, 심리학자들 역시 관심을 가질 만한 영역이 된다. 그래서 비만과 관련된 일련의 연구가 시작되었다. 핵심은 무엇이 음식을 많이 먹게 하는지와 어떻게 하면 실제로 음식 섭취량을 줄일 수 있는지를 알아보는 것이었다.

나는 많이 먹지 않아요

피에르 챈던Pierre Chandon과 브라이언 원싱크Brain Wansink는 사람들이 실제 먹는 양과 심리적으로 먹었다고 인지하는 양이 다를 것이라고 가정했다.[24] 실제로 사람들은 많이 먹었지만 적게 먹었다고 생각하는 경향성이 높을 것이라는 판단이다. 챈던은 그래서 이런 의문을 가졌다. 사람들은 건강을 표방하는 음식점(이 실험에서는 서브웨이)과 일반 패스트푸드 음식점(이 실험에서는 맥도날드) 중 어느 곳에서 더 많은 칼로리를 섭취할까? 또 같은 칼로리를 먹었을 때 어느 곳에서 더 적은 양을 먹었다고 인식할까?

결론부터 이야기하면, 사람들은 건강을 표방한 음식점에서 더 많은 칼로리를 섭취하지만 더 적은 칼로리를 먹었다고 인식하는 것으로 나타났다. 챈던은 이런 현상을 '건강 후광 효과health halo effect'라고 불렀다. 이 흥미로운 연구를 조금 더 자세히 살펴보자.

본격적인 실험에 들어가기에 앞서 연구자들은 맥도날드 혹은 서브웨이에서 막 음식을 먹은 사람들에게 자신이 먹은 음식이 몇 칼로리라고 생각하는지 물어보았다. 그 결과, 동일한 칼로리를 가진 서브웨이 샌드위치와 맥도날드 햄버거의 경우 서브웨이에서 음식을 먹은 사람들이 맥도날드에서 음식을 먹은 사람들보다 자신이 먹은 음식의 칼로리를 더 낮게 평가하는 것으로 나타났다. 건강을 표방하는 곳에서 먹은 음식은 칼로리도 낮을 것이라고 생각하고 있는 것이다.

챈던과 원싱크는 실험 참가자를 200명 모집해, 크게 두 그룹으로 나누었다. 참가자 절반에게는 맥도날드의 빅맥 햄버거 쿠폰을 주고, 나머지 절반에게는 서브웨이의 12인치 이탈리안 BMT 샌드위치 쿠폰을 주었다. 빅맥의 실제 칼로리는 600Kcal이며, BMT 샌드위치의 실제 칼로리는 900Kcal이다.

이후 참가자들에게 자신의 메인 음식과 함께 먹을 수 있는 3가지 추가 메뉴를 제공하고 이 중 1개를 선택하게 했다. 3가지 추가 메뉴는 다음과 같았다. 3가지 사이즈의 일반적인 음료수, 3가지 사이즈의 무칼로리 음료수, 한 개 혹은 두 개의 초콜릿칩 쿠키. 마지막으로 참가자는 자신의 햄버거(혹은 샌드위치)와 추가 메뉴의 칼로리를 예측해 적고, 건강하게 먹는 것이 자신에게 얼마나 중요한 것인지를 묻는 질문에 답했다.

실험 결과는 이렇게 나왔다. 먼저 빅맥 쿠폰을 가진 참가자는 실제 칼로리와 비슷하게 빅맥의 칼로리를 예측했고, 추가 메뉴의 칼로리 역시 비슷하게 예측했다. 그러나 BMT 샌드위치 쿠폰을 가진 참가자는 실제 칼로리보다 300Kcal 정도나 낮게 예측했다. 900Kcal 제품을 600Kcal 정도라고 저평가한 것이다.

또한 BMT 샌드위치 쿠폰을 가진 참가자는 빅맥 쿠폰을 가진 참가자보다 다이어트 음료를 덜 주문한 대신 사이즈가 큰 음료수나 칼로리가 높은 쿠키를 주문했다. 더군다나 이들은 일반 콜라의 칼로리를 다이어트 콜라의 칼로리만큼 낮게 평가했다. 반면 빅맥 쿠폰을 가진 사람들은 다이어트 콜라를 선택하는 비율이 월등히 높았다.

사람들은 어떤 상황이 되더라도, 자신이 부정적인 상황에 놓여 있다는 사실을 인정하고 싶어 하지 않는다. 그리고 건강 개념이 강화된 음식점에서는 상대적으로 음식의 칼로리가 낮을 것이라고 예상하기 쉽다. 그래서 더 많은 음식을 먹게 될 가능성이 커진다. 또 더 많은 음식을 먹었더라도 이것을 인정하고 싶지는 않는다. 그래야 자신의 의사결정이 타당하다고 판단할 수 있기 때문이다. 바로 이 점 때문에 많이 먹고도 적게 먹었다고 생각하게 되는 것이다.

이런 일은 도처에서 일어난다. 대표적인 것이 "물만 먹어도 살이 찐다."는 말이다. 실제로 그런가? 그렇지 않다. 이 연구에서 보듯이 건강 개념을 갖고 있을 뿐, 실제 칼로리를 줄이지는 못했을 확률이 높다. 즉 적게 먹는다고 생각하지만 실제 섭취 칼로리는 높을 수 있다. 물만 먹어도 살이 찐다고 하는 사람들이 다시 한 번 생각해볼 만한 내용이다.

또 다른 한편으로는 건강을 표방하는 음식점이 실제로는 더 많은 칼로리를 섭취하게 하는 효과가 있다는 점을 잊지 말아야 한다. 그런 측면에서 '건강, 유기농, 웰빙' 등과 같은 단어에 항상 주의를 기울여야 할 것이다. 다이어트를 하는 사람들이 가장 주의해야 하는 것을 음식 조절이다. 하지만 많은 사람들이 건강식 혹은 저칼로리 음식을 판매하는 음식점의 경우, 모든 제품들이 저칼로리일 것이라고 착각해 실제로는 더 많은 칼로리를 섭취하게 된다.

반면 패스트푸드 판매 음식점은 최근 들어 샐러드, 오렌지 주스 등과 같은 건강 제품과 세트 상품을 새롭게 구성해 판매하고 있다. 그러나 '건강하지 않은, 패스트푸드를 판매하는 곳'으로 인식된 음식점에서 건강식을 판매하더라도 소비자들에게는 건강식으로 인식되지 않을 가능성이 높다. 따라서 건강 개념을 보강하기보다는 원래의 개념인 패스트푸드, 즐거운 레스토랑 등을 강조하는 것이 더욱 효과적일 수 있다.

작은 사이즈가 진짜 다이어트에 유리할까?

다이어트를 시도해본 사람은 다 안다. 살을 빼는 것이 얼마나 힘든 일인지. 15킬로그램이나 살이 찐 나는 안 해본 다이어트가 없다. 포도 같은 과일만 먹는 원푸드 다이어트도 해보고, 단백질 쉐이크로 저녁을 대신해보기도 하고, 음식을 조금씩 여러 번 나누어 먹어도 보고, 칼로리를 계산해서 하루 총량도 조절해보고……. 정말 안 해본 다이어트가 없었다. 그럼에도 좀처럼 성공하기 힘든 것이 다이어트다. 다이어트에 관한 매력적인 주장 중 하나가 먹는 사이즈를 줄이라는 것이다. 그릇을 작게 하거나 패키지를 작게 하거나 작은 스푼으로 먹으라는 것이다.

그러나 사이즈를 작게 하는 것은 경우에 따라서는 반대의 효과를 유도할 수 있다는 사실을 알아야 한다. 다시 말해 작은 사이즈로 먹으면 오히려 더 많이 먹게 될 수도 있다는 것이다. 기존의 연구는 작은 패키지가 다이어트를 도와주는 역할을 한다고 했지만, 실제로는 더 많이 음식을 섭취하게 되는 역효과를 유발할 수 있다. 리타 코엘호 도발레Rita Coelho do Vale와 릭 피터스Rik Pieters, 마이클 진렌버그Marcel Zeelenberg는 작은 패키지의 역효과와 함께, 왜 그러한 현상이 나타나는지를 보여주었다.[25]

그들의 연구 결과, 다이어트라는 자아조절 행동이 발생하기 위해서는 기본적으로 다이어트를 해야 된다는 음식 제한 욕구와 맛있는 음식을 먹고 싶은 음식 섭취 욕구가 충돌해 갈등이 일어나는데, 작은 패키지만 보여주게 되면 이러한 갈등이 발생하지 않게 되어 자아조절행동이 잘 일어나지 않는다는 것이다. 이와 반대로 큰 사이즈의 패키지에 노출된 소비자는 소비 전에 더욱더 구매 여부를 심사숙고하게 되고 소비를 줄이고자 노력해, 결국 소비를 최소화시키는 경향성이 증가한다고 한다. 결국 작은 사이즈의 패키지는 '레이더망에 걸리지 않은 상태'로 남아 조절되지 않는 상태로 전이되고, 큰 사이즈 패키지는 자아조절 갈등을 경험함으로써 소비가 줄어드는 효과가 발생한다는 것이다.

이 실험에는 140명의 대학생이 참가했다. 음식의 패키지를 큰 것과 작은 것 2가지 종류로 나누고, 실험 참가자들은 다이어트에 관심을 높이는 그룹과 그렇지 않은 그룹으로 구분했다.

먼저 다이어트에 대한 관심을 높이는 그룹에게는 "이제부터 참가자들의 신체 사이즈를 측정하겠습니다."라고 말한 뒤, 참가자 앞에 거울을 놓아 자신의 몸 상태를 굉장히 부정적으로 느끼게 해 다이어트에 대한 관심을 만들었다. 반면 다이어트에 관심이 높이지 않은 그룹에게는 학생들의 신체에 대한 만족도를 조사하는 연구라고 말해준 뒤, 신체 만족도와 마른 정도, 다이어트 관심도를 측정했다. 이후 모든 참가자는 TV 광고를 평가하는 실험에 참여했는데, 실험 보조자는 이를 위해 드라마 〈프렌즈Friends〉를 틀어준 뒤 가능한 한 집에서 보는 것과 동일한 분위기를 느끼도록 만들었다. 일반적으로 사람들은 TV 볼 때 과자를 70퍼센트 이상 소비하므로, TV 옆에 감자칩을 놓아두고 참가자들이 먹고 싶은 대로 먹게 했다. 이때 참가자의 절반에게는 9개로 소포장된 감자칩을 제공했고, 나머지 절반에게는 2개로 크게 포장된 감자칩을 제공했다.

실험 결과, 평균 52.1퍼센트의 학생이 감자칩을 개봉했고, 평균 49.8그램의 감자칩을 먹었다. 회귀 분석을 통해 결과를 도출했는데, 다이어트에 대한 관심이 커질수록 큰 사이즈 패키지의 감자칩은 더 적게 먹는 것으로 나타났고, 작은 사이즈 패키지의 감자칩은 다이어트에 대한 관심에 상관없이 훨씬 더 많이 먹은 것으로 나타났다. 작은 사이즈의 감자칩을 제공했을 때 섭취한 칼로리의 총량이 더 높게 나타난 것이다. 작은 사이즈의 패키지를 제공한다면 더 적게 먹을 것이라는 기존의 통념이 잘못되었다는 결과가 나온 것이다.

작은 사이즈의 과자 패키지를 받으면 '작다'라는 개념이 활성화되어, 일시적으로 마음의 무장이 해제되는 효과가 발생한다. 마음의 무장이 해제되면, 스스로의 통제력이 낮아지게 되고, 자기도 모르는 사이에 음식 섭취의 총량이 증가하게 된다. 반면에 큰 사이즈의 과자 패키지를 받으면 '크다'라는 개념이 활성화되어, 순간적으로 자기 통제 욕구가 발생하게 된다. 먹는 동안 칼로리의 총량에 관심을 갖게 되므로, 일정량 이상의 칼로리를 섭취하지 않게 되는 효과가 나타나는 것이다.

좀 더 예를 들어보자. 다이어트 중인 사람이 너무 아이스크림이 먹고 싶어서 하겐다즈 아이스크림을 사러갔다. 이 사람은 다이어트 중이므로 분명 작은 사이즈 제품을 선택할 확률이 높다. 큰 사이즈 제품을 선택하면 음식 양을 조절하기 힘들 것 같았기 때문이다. 그러나 이 연구의 결과를 보면, 작은 사이즈 제품을 구입할 경우 그 제품을 전부 먹게 될 것이고, 큰 사이즈 제품을 구입할 경우 살이 찔 것이 두려워 조금만 먹을 확률이 높다. 결과적으로 큰 사이즈 제품을 샀을 때 작은 사이즈 제품을 샀을 때보다 더 적은 양의 아이스크림을 섭취할 수 있다. 접시 크기와 관련된 기존의 연구에서는 다이어트 중인 사람들은 큰 접시에 음식을 담기보다는 작은 접시에 음식을 담아야 더 적은 양의 음식을 먹게 된다고 주장했지만, 꼭 그게 옳은 것은 아니라는 사실이 이 연구를 통해 증명되었다.

그렇다면 진정한 다이어트 효과를 얻기 위해서는 무엇이 필요할까? 사실 그릇의 크기나 용기의 크기, 어느 음식점을 갈 것인지가 아니라 다이어트를 하고자 하는 의지가 무엇보다 중요하다. 다이어트에 대한 의지가 강한 사람은 큰 사이즈의 아이스크림을 사더라도 적게 먹을 것이고, 의지가 약한 사람은 큰 사이즈의 아이스크림을 사면 다 먹고 말 것이다.

나 같은 경우는 비만으로 인해 결국 건강이 위험하다는 의사의 경고를 받았다. 그래서 모질게 마음먹고, 하루 먹는 음식은 총량을 정해 섭취하고 아침과 저녁에 운동을 반복하기로 했다. 그로부터 정확히 3개월 만에 13킬로그램을 감량했다. 다시 대학교 때 입던 바지를 입을 수 있게 되었고, 나도 모르게 거울 앞에 자주 서서 날씬해진 몸매를 보며 만족하게 되었다. 결국 의사의 경고가 다이어트 의지를 활성화시켜, 다이어트에 성공하게 만든 것이다.

제발 백곰만은 생각하지 마세요

다이어트를 시작하는 사람들은 100퍼센트 이제 먹는 생각을 하지 말아야지 하는 결심을 한다. 나 역시 다이어트를 시작할 때 먹는 것 자체에 대한 생각을 버려야겠다고 몇 번이나 다짐을 했다. 그런데 문제는 눈만 뜨면 먹을 것 생각이 난다는 사실이다. 음식 생각을 떨쳐버리기 위해 TV를 켜면 광고의 50퍼센트 이상이 음식 광고다. 나는 다이어트를 시작하기 전까지 음식 광고가 이렇게 많은 줄 미처 몰랐다. 그런데 왜 생각하지 말아야지 하고 다짐을 하면 할수록 그 생각이 더 날까?

어떤 대상을 마음속에서 회피하려고 하면 오히려 그것에 대한 생각이나 행동이 더 자주 나타난다. 먹지 말아야겠다고 결심한 음식일수록 더욱 생각나고, 하지 말아야겠다고 생각한 행동일수록 오히려 더 하고 싶어진다. 다니엘 웨그너Daniel Wegner와 데이비드 슈나이더David Schneider 등은 사람들의 이 역설적인 심리 상태에 주목하고 연구를 시작했다.[26]

이들은 트리니티 대학교에서 심리학 개론 수업을 듣는 학생 중 실험 참가자 34명을 모집했다. 각각의 학생들을 두 그룹으로 나누어 한 그룹에게는 특정 단어를 생각하지 말아야 하는 억제 조건을 지시했고, 다른 그룹에게는 특정 단어를 표현하는 표현 조건을 지시했다. 억제 조건에 속한 학생 그룹은 먼저 생각을 억제한 뒤 생각을 표현하도록 했다. 표현 조건에 속한 학생 그룹은 반대로 먼저 생각을 표현한 뒤 생각을 억제하도록 했다.

실험 참가자들은 각각 생각의 흐름이 어떻게 움직이는지 이야기하는 것에 대한 지시문을 읽는다. 이 지시문은 생각나는 것을 계속적으로 말하게 만들기 위해 준비되었다. 지시문은 생각하는 것을 묘사하도록 하고 있는데, 떠오른 생각을 특별히 정의하거나 설명할 필요는 없이 그대로 말을 하면 되는 것이었다. 연구 보조자가 시작을 알리면 참가자들은 5분 동안 머릿속에 떠오르는 모든 것을 말했다. 5분 후 연구 보조자는 추가 지시문을 가지고 돌아와 억제 그룹에 있는 학생들에게 다음과 같은 말을 해준다.

"자, 지금부터 5분 동안 여러분이 생각나는 것을 말하세요. 단 이 시간 동안 백곰은 생각하면 안 됩니다. 백곰을 말하거나 생각하면 여러분 앞의 종을 울려주세요"

이렇게 5분이 지나고 나면, 억제 그룹에게는 다시 5분 동안 백곰을 생각하라고 지시한다. 그리고 생각날 때마다 종을 울리도록 했다.

표현 그룹은 반대의 순서로 진행한다. 이들은 처음 5분 동안 백곰을 생각하도록 하고, 두 번째 5분 동안은 백곰을 생각하지 않도록 요청했다.

그 결과, 실험에 참가한 참가자 중 단 1명도 백곰 생각을 떨쳐내지 못한 것으로 나타났다. 모두 백곰이 머릿속에 끊임없이 떠올라 종을 계속 쳤다. 흥미로운 것은 억제 그룹이 표현 그룹보다 종을 더 많이 쳤다는 것이다. 다시 말해 백곰을 생각하지 말라고 지시받은 그룹이 그렇지 않은 그룹에 비해 종을 훨씬 더 많이 친 것이다. 왜 이런 일이 벌어진 걸까? 백곰 생각을 억누르려는 시도가 백곰을 더 많이 생각나게 만든 것이다.

이 연구에서의 백곰은 기억하고 싶지 않은 기억이나 생각의 단서를 의미한다. 그러나 우리가 기억과 생각을 억제하려 하면 할수록 그것에 더욱 집착하게 되고, 더 많은 생각이 떠오르게 된다.

이 연구는 생각을 억제하려다가 오히려 그것에 묶이게 되는 것을 보여준다. 이 연구를 참고로 하면 다이어트에서 주의할 점을 알게 된다. 음식 생각을 억지로 하지 않으려고 해서는 안 된다는 것이다. 대신 생활 속의 다이어트가 될 수 있도록 다이어트를 즐거운 마음으로 받아들여야 할 것이다.

{ 생각의 확장 }

　한반도에서 이처럼 다이어트 열풍이 분 적이 또 있었던가? 유사 이래 항상 먹을 것이 모자라던 한반도에 음식의 사치와 낭비가 시작되었다. 거의 대부분의 여성이 다이어트를 생각하고 있고, 남성들 역시 단지 비율의 문제일 뿐 상당한 관심을 기울이고 있다. 어떻게 하면 다이어트에 성공할 수 있을까? 기존의 연구들을 살펴보면 가장 중요한 핵심은 꼭 필요한 열량만 섭취하는 것이다. 불필요한 열량의 섭취가 비만으로 이어지기 때문이다. 그래서 음식 그릇을 작은 것으로 바꾸라고 조언한다. 이렇게 하면 기본적으로 열량 섭취가 줄어든다.
　하지만 여기서 조심해야 할 것들이 있다. 앞에서 살펴본 것처럼 건강 식단이라고 해서 칼로리가 낮은 것은 아니다. 그러나 사람들은 건강 식단은 칼로리가 낮을 것이라는 판단착오를 한다. 건강식과 저열량식은 다르다는 사실을 명심해야 한다. 늦은 밤, 몸에 좋은 견과류나 유기농 과일, 직접 제작한 치즈 등을 먹는 것은 오히려 다이어트에 해가 된다. 식사량을 줄이되, 건강식의 오류에 빠지면 안 된다는 사실을 잊지 말자.

또 작은 사이즈의 음식이라고 마음 놓아서도 안 된다. 사람은 작은 사이즈의 음식을 먹을 때는 잠시 마음을 놓고 먹는 경향이 있다. 그래서 하나 둘 먹다 보면 큰 사이즈의 음식보다 더 먹게 되는 경우가 종종 있다.

그리고 너무 다이어트 생각에 매달릴 필요도 없다. 백곰만은 생각하지 말아달라고 하면 반드시 백곰을 생각하게 된다. 다이어트 생각에 매달리면 매달릴수록 음식에 대한 욕구는 더욱 증가할 수밖에 없다.

마음을 편하게 갖고, 건강식도 칼로리를 생각하며 먹고, 작은 사이즈로 포장된 음식은 많이 먹지 않도록 조심해야 할 것이다. 하지만 그래도 제일 중요한 것은 역시 다이어트를 억지로 하기보다 행복한 리츄얼로 만드는 것이다.

내가 아는 분 중에 한 분은 평소 군것질을 하지 않는데도 자꾸 살이 쪄서 자신의 식생활을 꼼꼼하게 살펴봤다고 한다. 물론 다른 이유도 있었겠지만 하루에 7~8봉지씩 마시는 커피믹스가 살이 찌는 가장 큰 이유였다고 한다. 한 봉지당 80Kcal이니까 8봉지를 마시면 640Kcal를 커피만으로 섭취하는 것이 된다. 그래서 결심한 것이 원두커피를 핸드드립으로 마시는 것이었다.

그분은 드리퍼와 그라인더, 드립서버와 고급커피원두를 사무실에 장만해두고 커피가 마시고 싶을 때마다 정성껏 그라인더로 원두를 갈고 핸드드립으로 커피를 내려 마셨다. 그 결과 불과 한 달 만에 3킬로그램의 감량에 성공했다고 한다. 그도 그럴 것이 핸드드립 커피 한잔은 10Kcal이기 때문에 평소 마시는 대로 8잔을 마셔도 커피믹스 한 잔 수준밖에 되지 않는다. 그분은 또 커피믹스 대신 핸드드립 커피를 마시는 습관을 들이자, 그 즐거움 때문에 담배까지 끊게 되었다고 좋아했다.

나는 앞에서 다이어트에 가장 중요한 건 의지라고 했다. 틀린 말은 아니다. 그러나 그와 함께 다이어트라는 '백곰'을 생각하지 않게 하는 '대안'이 필요하다. 그 대안을 리츄얼로 만들 때, '폭식'이나 '흡연'같은 나쁜 습관을 떠나보낼 수 있다. 그것도 아주 즐겁게.

이제 다이어트나 금연하기에 앞서 그것을 대체할 수 있는 '멋진 리츄얼'을 하나씩 준비해보라. 다이어트가 긍정의 리츄얼이 되는 순간, 고통스럽지 않고 즐거운 살빼기가 가능해질 것이다.

제8장

빨간색의 치명적인 매력

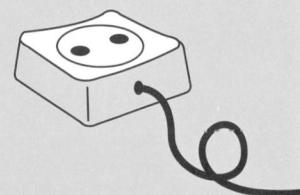

빨간색은 남다른 효과를 발휘한다. 빨간색 옷을 입은 여성은 더욱 매력적으로 보이게 되고, 빨간색 글자를 보면 순간적으로 힘이 난다. 왜 이런 일이 벌어질까? 진화 심리학에서는 영장류의 번식과 관련되어 있다고 주장한다. 또 피의 색깔이 빨간색인 것도 영향을 미친다는 주장도 있다. 흥미롭고 아름다운 빨간색의 세계로 당신을 초대한다.

빨간 원피스를 입은 여자

내가 대학에 들어가던 해에 〈우먼 인 레드 Woman in Red, 1984〉라는 영화가 나왔다. 영화 포스터에 있는 매력적인 여배우 켈리르 브락의 모습을 보며, 나도 모르게 침을 꼴딱 삼키던 기억이 난다. 마를린 먼로 이후로 이렇게 대놓고 하의실종을 보여준 포스터도 없었다. 더군다나 마를린 먼로는 하얀색 원피스를 입고 있었지만, 켈리르 브락은 빨간색 원피스를 입고 있었다. 나도 모르게 그만 포스터에 눈길을 멈추곤 했다. 이 영화는 할리우드 코미디 계에서 우디 알렌과 쌍벽을 이루는 진 와일더가 감독 및 남자주인공을 맡았고, 도톰한 입술이 매력적인 켈리르 브락이 여주인공을 맡았다. 더군다나 이 영화에서 그 이름도 유명한 스티비 원더가 'I just call to say I love you'라는 주제가를 불러 영화의 흥미를 더욱 높였다.

 종로에 있던 서울극장에서 이 영화를 재미있게 보았던 기억이 있다. 그런데 30여 년이 지금까지도 이 영화를 기억하는 사람들이 많다. 영화의 스토리나 완성도도 중요했겠지만, 영화를 기억하게 만드는 힘은 포스터와 제목이었다고 생각한다. '빨간색 원피스를 입은 여자'는 그 모습만으로도 매우 도발적이다. 특히 남자들은 이 포스터와 제목에 끌릴 수 없다. 남자들은 자신도 모르게 반응하게 된다.

오래 전부터 빨간색 옷은 이성을 유혹하는 색이라고 간주되어 왔다. 또한 붉은 입술은 성적 매력의 대명사이기에, 붉은 입술을 만들기 위한 립스틱은 더욱 매력적인 빨간색을 띠었다. 그런데 빨간색과 관련한 흥미로운 연구들이 있다. 빨간색 안에 어떤 마법이 숨어 있는지 한번 살펴보자.

웨이트리스라면 역시 빨간색 옷을 입어라

니콜라스 구겐Nicolas Guéguen과 셀린 자코브Céline Jacob은 빨간색과 관련한 흥미로운 연구들을 많이 했다.[27] 먼저 그들은 레스토랑에서 빨간색 옷을 입은 웨이트리스와 다른 색깔의 옷을 입은 웨이트리스 간에 어떤 차이가 있는지 살펴보았다.

그들은 빨간색 옷을 입은 웨이트리스와 다른 색 옷을 입은 웨이트리스로 구분해 손님들에게 서빙하게 했다. 그러자 실로 놀라운 결과가 나왔다. 남자 손님들은 빨간색 옷을 입은 웨이트리스에게는 더 많은 팁을 주었다. 다른 것은 모두 똑같았고 오직 입고 있는 옷의 색깔만 바뀌었는데 남자들이 주는 팁의 금액이 달라진 것이다. 빨간색이 돈을 벌고 있었다. 이것은 비단 옷에만 한정되는 게 아니라 빨간색 립스틱, 빨간색 셔츠, 혹은 머리띠나 핀 등의 머리 장식에서도 같은 효과를 나타냈다. 무언가 빨간색이 웨이트리스에게 있으면, 남자 손님들은 더 많은 팁을 주었던 것이다.

더 흥미로운 것은 여자 손님들이었다. 여자 손님들은 다른 빨간색에는 반응하지 않았지만, 웨이트리스가 빨간색으로 머리 장식을 한 경우 더 많은 팁을 주는 것으로 나타났다. 남자들은 뭐든지 빨간색만 보이면 팁을 더 주고, 여자들은 머리 장식이 빨간색일 때만 팁을 더 주었던 것이다. 당신이 만약 현명한 웨이트리스라면 빨간색 장신구를 잘 활용해야 할 것이다.

왜 이런 결과가 나타났을까? 그것은 빨간색으로 치장한 여성이 더 섹시하게 보이기 때문이다. 예를 들어 남성들은 흑백 사진 속의 여성이 빨간색 배경 앞에 있으면 더욱 멋진 여성으로 평가했고, 흰색 배경 앞에 서 있으면 덜 매력적인 것으로 평가했다. 그리고 여성들도 같은 평가를 내렸다.

더욱 흥미로운 것은 빨간색 치장을 한 여성을 다른 색으로 치장한 여성보다 훨씬 더 좋게 평가하는데, 오직 성적 매력도 측면에서의 평가만 높아진다는 것이다. 예를 들어 친절성, 도덕성, 지성 등의 다른 측면에 대한 평가는 전혀 증가하지 않았고 오직 성적 매력도만 증가하는 것으로 나타났다. 그리고 빨간색 옷을 입으면 성적으로 더 자유로울 것이라고 평가하는 비율도 증가했다. 그러니까 레스토랑에서 여성에게 팁을 더 많이 주는 이유는 그녀들이 더 매력적이기도 하지만, 자신들의 호의를 받아줄 가능성이 더 높다고 판단하기 때문이기도 했다. 남성들은 빨간색 옷을 입은 여성에게 더 많은 팁을 주면서, 무의식적으로 교제를 위한 선물로 생각하는 성향이 있다. 결국 남성들은 자신들의 사회적 지위나 부유함을 표현하기 위해서, 그리고 더 많은 호감을 유도하기 위해서 여성들보다 더 많은 팁을 주었던 것이다.

구겐과 자코브의 연구에 따르면, 여러 가지 꾸밈 중 머리에 하는 빨간색 장식이 가장 좋다고 한다. 왜냐하면 머리에 하는 빨간색 장식은 남자 손님뿐 아니라 여자 손님에게도 호감을 살 수 있기 때문이다. 여성들이 빨간색 머리 장식을 좋아하는 이유는 수용할 수 있는 섹스어필의 범주에 들어가기 때문이다. 여자 손님들은 웨이트리스의 머리 장식을 귀여움의 범주로 판단해 더 많은 팁을 준 것이다.

그러나 주의해야 할 점도 있다. 빨간색 옷을 입으면 남자들에게 자칫 쉬운 여자로 오인될 가능성도 있다. 진화 심리학적으로 봤을 때 모든 남성은 더 많은 여성에게 다가가려 하는데, 이때 빨간색 옷을 입고 남자의 호의를 받아주면 남성은 자신의 신호가 제대로 전달되었다는 의미로 받아들일 수 있다. 따라서 성적인 농담과 짓궂은 행동을 이어질 수 있으므로 조심해야 한다.

빨간색 옷과 섹시함

진짜 빨간색 옷을 입은 여자는 더 섹시해 보이는가? 이번에는 조금 상세히 살펴보도록 하자. 아담 파즈다Adam Pazda와 그 동료들은 간단한 실험을 통해, 남자들이 왜 빨간색 옷을 입은 여성을 더 섹시하게 생각하는지를 연구했다.[28]

젊은 남성 96명에게 한 여성의 사진을 보여주었는데, 다른 것은 모두 동일하되 드레스 색깔만 빨간색, 회색, 녹색, 파란색으로 바꾸어 제시했다. 실험 참가자들에게는 사진을 보면서 매력도와 로맨틱 지수를 측정하게 했다. 간단한 실험 결과 빨간색 옷을 입은 여성을 가장 매력 적으로 생각하는 것으로 나타났다. 또한 로맨틱 지수도 매우 높게 나타났는데, 이것은 남성이 여성에게 접근했을 때 보다 긍정적인 반응을 보일 것이라는 기대를 나타내는 수치다. 그만큼 빨간색 옷을 입은 여성을 더 매력적으로 생각하고 있고, 접근했을 때 더 긍정적 반응이 있을 것이라고 예측하고 있었다.

빨간색 옷을 입은 여성을 좋아하는 이유는 빨간색 자체가 성적인 매력을 내포하고 있기 때문이다. 이는 진화론적 관점으로 설명될 수 있다. 침팬지와 같은 영장류들의 암컷은 배란기에 가까워지면, 혈류량이 증가해 피부의 주요 부위가 붉은색을 띠게 된다. 이렇게 붉어진 피부는 수컷들을 유혹하는 신호로 작용한다. 바로 이런 점이 빨간색이 매력적인 색으로 보이게 하는 이유라는 것이다. 즉 빨간색은 영장류에게 짝짓기를 유도하는 유혹의 색이라고 할 수 있다.

같은 관점에서 남녀 간의 사랑으로 표현되는 하트는 빨간색이고, 여성의 립스틱도 빨간색이다. 빨간색 옷을 입은 여자라면 무조건 남성들의 주목을 끌기 마련이다. 주목받고 싶다면 빨간색 옷을 입으면 된다. 남성들의 뜨거운 시선을 받고 싶은 여성이라면 빨간색 옷을, 그렇지 않은 여성이라면 다른 색상의 옷을 입어라.

빨간색, 인체 반응 속도를 높인다

그런데 빨간색이 반드시 유혹의 색으로서의 역할만 하는 것은 아니다. 빨간색을 보면 힘이 증가하고, 근육의 반응 속도가 높아진다는 연구가 실시되었다. 단거리 육상이나 높이뛰기, 역도처럼 순간적인 힘과 스피드가 요구되는 스포츠에 빨간색을 응용하면 좋은 결과가 나온다는 것이다.

앤드류 엘리엇Andrew Elliot은 빨간색을 접할 때 인체의 근육과 속도에 어떤 변화가 일어나는지 알아보기로 하고, 일련의 실험을 진행했다.²⁹ 엘리엇은 초등학교 4학년에서 중학교 3학년에 해당하는 학생들을 크게 두 그룹으로 구분했다. 한 그룹의 학생들에게는 빨간색으로 쓰인 숫자를 읽게 하고, 이후 금속으로 된 잠금 장치를 주어 스스로의 힘으로 열도록 지시했다. 또 다른 그룹의 학생들에게는 회색으로 된 글자를 읽고 잠금 장치를 열게 했다.

이후 두 번째 실험이 진행되었다. 46명의 학생들을 세 그룹으로 구분한 뒤, 한 그룹에게는 빨간색으로 된 '꽉 쥐다Squeeze'라는 단어를 보고 악력기를 쥐게 했다. 두 번째 그룹은 파란색으로 된 단어를 보고, 세 번째 그룹은 회색으로 된 단어를 보고 악력기를 쥐게 했다.

놀랍게도 첫 번째 실험과 두 번째 실험의 결과가 일치했다. 빨간색을 보고 난 그룹이 금속으로 된 잠금 장치를 더 빨리 열었으며, 악력도 더 높은 것으로 나타났다. 왜 이런 결과가 나왔을까? 빨간색을 접하게 되면 '위험하다'라는 개념이 활성화되기 때문에 근육이 빠르게 반응한다. 흥분하거나 화가 나면 혈류의 흐름이 빨라져 얼굴이 붉어지고 순간적으로 힘이 나는 것과 같은 맥락이다. 빨간색은 이성을 유혹하는 색이기도 하지만 순간적으로 힘과 스피드를 내게 만드는 색이기도 하다. 색상의 힘은 이렇게 여러 곳에서 나타난다.

태권도, 레슬링 등과 같은 격투 경기에서는 빨간색 옷을 입는 것이 승패에 유리하다고 한다. 이러한 효과에 대해 러셀 힐Russell Hill과 로버트 바튼Robert Barton은 빨간색이 지배력, 공격성과 진화적, 문화적으로 연합되어 있어 빨간색 옷을 입은 선수에게 유리하게 작용한다고

주장했다.[30]

한편 노버트 헤이지맨Norbert Hagemann 등은 빨간색이 심판의 지각 판단에 영향을 주어 빨간색에 유리한 판결이 난다고 주장했다.[31] 그들의 연구에 따르면, 빨간색이 심판에게 심리적인 영향을 미쳐 결과적으로 동일한 성과를 다르게 평가하도록 만든다는 것이다. 이들은 동일한 태권도 경기에 대한 심판의 채점이 선수가 빨간색 옷을 입었느냐 아니냐에 따라 달라지는 것을 보여줌으로써 이러한 주장을 과학적으로 증명했다.

이들은 42명의 심판을 실험 참가자로 모집했다. 참가자로 모집된 심판들은 평균 8년 이상의 경력을 보유한 사람들이었다. 연구자들은 비슷한 태권도 실력을 가진 남자 선수 5명의 동영상 시합을 찾은 뒤, 이들의 장비 색깔을 빨간색 혹은 파란색으로 조작했다. 그리고 실험 참자가인 태권도 심판을 대상으로 각 선수에 대해 채점을 하도록 요청했다.

그 결과, 빨간색 옷을 입은 선수가 파란색 옷을 입은 선수보다 일관되게 더 높은 평가를 받는 것으로 나타났다. 물론 심판들은 스스로 자신들은 결코 유니폼 색상에 영향을 받지 않았다고 생각하고 있었다.

지금까지 빨간색이 갖고 있는 힘을 살펴보았다. 빨간색은 여성을 더욱 섹시하게 보이게 하고, 더 많은 팁을 받을 수 있도록 한다. 또 순간적인 파워를 증가시키고, 심판들에게 더 유리한 이미지를 주기도 한다.

빨간색은 대체로 피와 관련되어 있다. 빨간색 피는 매우 강렬한 에너지를 갖고 있다. 그래서인지 피가 보이면 순간적으로 생각이 변화하게 된다. '선혈이 낭자하다' '피가 튄다' '핏발이 선다' '피가 거꾸로 솟구친다' 등과 같이 피와 관련된 표현을 보면 우리의 심리도 순간적으로 변화한다. 책을 읽다가 이런 표현을 보게 되면 순간적으로 더 집중하게 된다.

일본의 국기는 오직 하얀색 바탕위에 빨간색 원 하나다. 기본적으로 피를 솟구치게 하는 에너지를 갖고 있다. 더군다나 제2차 세계대전에서 사용한 욱일승천기는 빨간색 원에서 에너지가 방사되는 모양을 하고 있다. 욱일승천기를 보면 자신도 모르게 무언가 에너지가 변화함을 느낀다. 빨간색이 사방으로 퍼지고 있기 때문이다. 지구상에 이처럼 도발적인 국기는 없다. 그래서인지 일본 극우세력이 황국 군복을 입고, 욱일승천기를 들고, 소총을 매고 행진하는 모습은 매우 도발적으로 보인다.

반면에 이들을 바라보는 한국 사람이나 중국 사람들은 어떤 느낌일까? 기분이 좋을 리가 없다. 제2차 세계대전 때 일본인들에게서 받은 수탈과 착취를 상징하는 욱일승천기를 보는 한국 사람이나 중국 사람들은 마찬가지의 관점에서 거꾸로 피가 솟구치는 기분을 느낀다. 기본적으로 욱일승천기는 싸움을 도발한다. 이렇게 보면 욱일승천기는 나치의 문장보다 더 위험한 상징이다.

{ 생각의 확장 }

 사람은 피를 보면 흥분한다. 심지어 어린아이들도 싸우다가 누군가 피가 나면 갑자기 싸움이 격해지게 된다. 그래서인지 빨간색을 보면 흥분하는 성향이 증가한다. 바로 이 점이 다양한 형태의 빨간색 효과를 유도한다고 볼 수 있다.
 여성이 빨간색 옷을 입으면 더욱 섹시해 보이고, 머리에 빨간색 장신구를 하면 귀여운 느낌을 함께 얻게 된다. 물론 빨간색 립스틱의 효과는 더할 나위 없이 크다. 여성의 경우 필요한 순간에 빨간색을 적절히 활용할 수 있다.
 또한 빨간색은 운동과 같이 순간적인 힘이 필요하거나 투쟁이 벌어지는 상황에서는 매우 유효한 것으로 나타났다. 짧은 순간 근육의 힘을 키우기도 하고 더 강력한 행동을 하는 것으로 보이기도 하기 때문이다.
 그러니 필요하다고 느껴질 때 빨간색을 활용해보자. 지금은 고인이 된 스티브 잡스를 기억하는가. 그는 애플의 주요 상품이 출시될 때면 이세이 미야케가 디자인한 세인트크로와 터틀넥 셔츠와 리바이스 청

바지, 그리고 뉴밸런스 운동화를 착용했다. 그건 대중 앞에 서는 스티브 잡스만의 리츄얼이었다. 마찬가지로 '나만의 빨간색 아이템'을 준비해두고 대중 앞에 서야 되거나 중요한 미팅이 필요할 때 착용하는 리츄얼을 만들면 어떨까. 빨간색이 지닌 힘이 당신을 대하는 사람들의 마음을 흔들어 당신이 원하는 것을 얻게 될지도 모르지 않은가.

제9장

명작 옆에선
무엇이든 명작이 된다

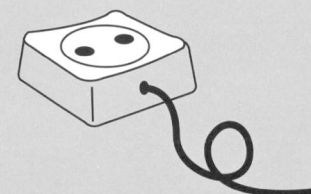

흥미롭게도 명작 옆에 있는 것은 뭐든지 멋져 보인다. 왜냐하면 명작이 갖고 있는 이미지가 옆의 사물에 전이되기 때문이다. 그렇다면 명작을 활용하면 사람이건 사물이건 긍정적 효과를 얻을 수 있을까? 대부분의 경우 그런 효과를 보이는 것으로 나타났다. 그렇다면 남는 것은 명작의 조건이다. 그래서 여기서는 명작의 조건 네 가지도 함께 살펴보았다.

명작 옆에 있으면 뭐든지 멋져 보여

서울의 변두리에서 태어난 나는 대학에 들어갈 때까지 음악이나 미술을 접할 기회가 거의 없었다. 미술이나 음악은 학교 수업시간에 듣는 것이 전부였고, 내가 살던 동네에는 적어도 내가 아는 한 피아노가 한 대도 없었다. 그러니까 나는 그 시절의 남학생들이 대개 그렇듯이, 예술을 접할 기회가 거의 없는 예술의 황무지 같은 어린 시절을 보냈다.

이후 대학에 입학해 예술에 대한 이해가 꽤 깊은 여학생과 데이트란 것을 하게 되었다. 나름의 예술적 안목을 갖고 있던 그 여학생은 나를 데리고 인사동, 삼청동, 안국동의 여러 갤러리를 돌아다녔다. 처음 보는 그림들에 눈이 휘둥그레진 나는, 그림도 그림이지만 그 여학생의 교양과 예술에 대한 안목에 혀를 내두를 수밖에 없었다.

'아니 어떻게 이렇게 그림에 대한 이해도가 높을 수 있을까? 나는 그동안 뭐했나?'

이런 생각까지 들었다. 갤러리에서의 데이트 이후, 난 그 여학생의 문화적 교양에 매료되었고 그녀가 더욱 아름답고 훌륭해 보였다. 예술에 대해 안다는 것만으로 아름답게 보였던 것이다.

예술은 그것에 대해 알고 있다는 사실만으로도 그 사람을 멋져 보이게 만든다. 또한 예술은 사물을 멋져 보이게 하는 힘도 있다. 왜냐하면 예술이 갖고 있는 품격이 그 옆에 있는 사람이나 사물에게 전이되기 때문이다. 그런데 명작이 사람들이 그 제품의 이미지를 판단하는 것에 영향을 미치는지가 궁금했던 사람들이 일련의 연구를 실시했다.

헨리크 헤그베트Henrik Hagtvedt와 바네사 패트릭Vanessa Patrick은 사람들에게 명작의 그림으로 포장된 은식기 세트를 보여주고, 그 안에 있는 은식기 세트에 대한 평가가 어떻게 변하는지 살펴보았다.[32] 물론 명작이 아닌 일반 그림으로 포장된 은식기 세트를 비교 그룹으로 삼아 함께 평가했다.

실험은 100명의 참가자를 대상으로 했다. 이들에게 새로 바꿀 은식기 세트가 있다고 말

한 뒤 박스를 함께 주었다. 한 박스는 고흐의 '밤의 카페테라스'의 그림으로 포장되어 있었고, 다른 박스는 유사하지만 다른 그림으로 포장되어 있었다. 박스의 전면을 보여준 뒤 나중에 자신이 개봉한 은식기 세트에 대한 평가를 하도록 했다. 예상했던 대로 참가들은 고흐 그림으로 포장된 은식기 세트를 더 고급스러운 걸로 평가했으며, 제품에 대한 선호도 역시 더 높은 것으로 나타났다.

똑같은 제품임에도 불구하고 어떤 포장지 안에 있었느냐에 의해 제품 평가가 달라진 것이다. 왜 고흐의 그림처럼 명화로 포장된 제품에 더 높은 평가를 한 것일까? 명화가 갖고 있는 품격과 호의가 제품에 전이되었기 때문이다. 이것을 '명작 전이 효과 Art Infusion Effect'라고 부른다.

헤그베트와 패트릭은 위 실험에 만족하지 않고 또 다른 실험을 실시했다. 이번에는 광고 전단에 대한 평가를 했다. 실험 참가자들에게 요하네스 얀 베르메르의 '진주 귀걸이를 한 소녀의 그림'이 삽입된 광고 전단과 같은 제목의 영화에서 주연을 맡은 여배우의 포스터를 담은 광고 전단을 제시했다. 두 광고 전단은 전체적으로 매우 유사

하게 보였다. 차이점은 하나는 명화의 그림을 넣은 것이고 다른 하나는 현재의 여배우 사진을 넣었다는 것뿐이었다. 반응은 어땠을까? 실험 참가자들은 명화가 들어간 광고 전단에 더 높은 평가를 했다. 이렇게 명화가 삽입된 제품에 더 높은 반응을 보이는 현상은 여러 곳에서 목격된다.

테크닉스라는 회사는 턴테이블 광고를 위해 뭉크의 '절규' 그림을 패러디했다. 턴테이블에서 헤드폰을 끼고 있는 그림 속의 주인공은 원래의 놀란 표정이 다름 아닌 테크닉스의 음악 때문이라는 메시지를 전달하고 있다.

LG 전자는 기업 광고에 명화를 이용한 광고를 많이 활용해왔다. 고흐, 모네, 르누아르 등의 명화 속에 제품을 배치해, 소비자들의 긍정적인 평가를 유도했다. 이처럼 명화를 활용한 광고는 명화에 대해 소비자가 갖고 있는 긍정적 이미지를 제품에 전이시키기 때문에 제품 광고에 매우 효과적인 방법 중 하나다. 누가 세계적인 화가가 그린 그림을 싫어하겠는가?

여기에 생각을 조그만 더해보자. 만약 이처럼 명화를 이용한 어린이 장난감을 만든다면 어떤 효과가 있을까? 명화를 이용한 인테리어 소품, 패션 소품은 어떨까? 제품의 품격을 높이는 매우 훌륭한 활용 방안이 아닐까?

명작의 조건

명작과 관련한 연구들에 따르면 아무 그림이나 명작 전이 효과를 갖는 것은 아니다. 그림 자체의 완성도가 높고, 이미 많은 사람들에게 노출된 그림에 한해서만 명작 전이 효과가 나타난다. 그러니까 그림 자체가 중요한 게 아니라 이미 많은 사람들이 인정한 대작에 한해서만 명작 전이 효과가 나타나는 것이다.

이것을 보고 나는 궁금해졌다. 그렇다면 어떤 기준으로 명작을 판단해야 하는 걸까?

어떤 그림은 보는 순간 '좋다'라는 느낌을 받는다. 반면 어떤 그림은 보자마자 별로라는 생각이 든다. 그 이유가 뭘까? 대개 명화라는 그림들은 보는 순간 마음이 편안해지고, 또 볼수록 빠져든다. 볼수록 빠져들면 모두 명화가 될 수 있을까?

명작 전이 효과가 탁월한 작품을 통해 명화의 기준을 살펴보니 대략 4가지 정도로 나눌 수 있었다.

첫째, 표현력이 있어야 한다.

사실적이고 탁월한 표현력을 갖고 있어야 한다. 사진보다도 더 탁월한 표현력을 갖고 있는 것이 명화의 첫 번째 조건이다. 오래전부터 사람들은 사물을 있는 그대로 표현하고 싶어 했다. 사진이 없던 시절 사람과 사물을 표현해내는 기술은 오직 화가들에게만 있었다. 이들은 마치 살아 있는 것처럼, 눈에 보이는 것을 그대로 그림을 표현하는 것이

 첫 번째 목표였다. 구도에서부터 세밀한 부분까지 입체의 세상을 사실적으로 표현해내는 것이 중요했다. 따라서 사진을 능가하는 탁월한 표현력이 명화의 첫 번째 조건이다.

 스케치의 중요성을 누구보다 강조했던 레오나르도 다빈치의 '최후의 만찬'은 인류 최고의 명화 중 하나로 평가되는데, 인물 하나하나의 표정이 사실적이고 세밀하게 표현되어 르네상스 시대 그림의 백미라 할 수 있다.

 둘째, 사물을 바라보는 독특한 관점을 갖고 있어야 한다.

 인상파 화가 르느아르의 그림 '물랭 드 라 갈레트'는 화가의 관점이 표현된 대표적인 작품 중 하나다. '물랭 드 라 갈레트'는 몽마르트에 있는 무도회장 이름으로, 주말 오후가 되면 수많은 파리의 젊은이들이 모여 춤과 놀이를 즐기던 곳이었다.

 '물랭 드 라 갈레트'에는 여름날, 즐거움이 가득한 야외무도회장에

서 젊은 남녀들이 무도회를 즐기는 모습이 아름답게 표현되어 있다. 눈부신 햇살이 쏟아지는 여름날의 한 순간을 르누아르만의 관점으로 표현해낸 훌륭한 작품이다. 이 그림은 보고만 있어도 즐거워진다.

셋째, 작가의 철학이 표현되어야 한다.

그림이 아름다운 것은 기본이고, 작가의 철학이 표현되면 금상첨화다. 어린 시절 가족의 죽음을 목격한 뭉크는 그의 전 생애에 걸쳐 죽음과 실존의 문제를 표현하려고 노력했다. 뭉크의 아버지는 죽음의 공포를 신앙으로 이겨보려 했지만 점차 광적으로 변해갔고, 점차 무서워지는 아버지를 보면서 뭉크는 악몽과 환상을 경험하기에 이른다. 뭉크의 여동생 중 한 명은 어린 나이에 정신병에 걸리는 시련을 겪었으면, 남

동생은 결혼식을 올린 지 얼마 되지 않아 죽기도 했다. 어린 시절의 시련으로 몹시 고통스러워했던 뭉크는 프로이트, 니체 등과 함께 불안한 삶과 실존의 문제를 표현하고자 했는데, 그 대표적인 작품이 바로 '절규'다. 그는 또한 여성을 표현하는 작품에서도 삶의 어려움과 고통을 표현하고 있다.

넷째, 창의적인 아이디어의 결합이 필요하다.

20세기 초현실주의 화가였던 살바도르 달리는 창의적 아이디어의 결합을 보여주는 대표적인 화가다. 살바도르 달리는 가장 특이한 관점을 갖고 있는데, 그는 끊임없이 인간에 대한 회의, 압도하는 무의식, 만나보지 않은 것들의 새로운 만남을 시도했다. 이를 통해 일반적인 생각으로는 접하기 어려운 기묘한 것들의 결합으로 이루어진 독립적인 초현실의 세계를 표현하고 있다. 세간의 평론가들은 그를 가리켜 광인의 그림이라고 하지만, 20세기 초현실주의에서 빼놓을 수 없는 천재적 관점이 표현되고 있다.

그의 대표적인 그림은 '기억의 지속'이다. 아주 건조해 보이는 곳에서, 마치 이 세상이 아닌 것처럼 보이는 곳에서 시계가 흘러내리고 있

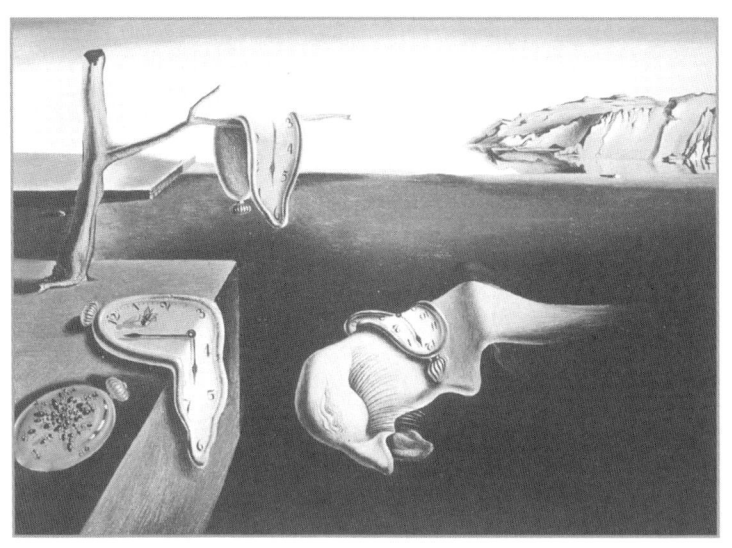

다. 탁자를 타고 흘러내린다. 새의 머리처럼 보이는 사물의 목덜미에서도 시계가 흘러내린다. 이런 그림을 본적이 있는가? 이 그림은 묘한 매력을 발산한다. 매우 독창적이고, 몽환적인 느낌이 아닐 수 없다. 좋은 그림은 이처럼 사실적 표현뿐만 아니라 작가의 관점이 창의적으로 결합되어 새로운 해석이 이루어져야 한다.

그림을 포함한 예술은 객관적인 것도 중요하지만 사실 주관적인 선호가 더 중요하다고 생각할 수 있다. 그러나 예술작품이 갖고 있는 장점을 활용하기 위해서는 대중적 기준을 정확히 파악할 필요가 있다. 위에서 밝힌 것과 같은 기준을 고려하면 명작 전이 효과를 활용하는 것이 상대적으로 쉬워질 것이다.

클래식의 힘

명작의 효과는 비단 그림에만 한정되는 것은 아니다. 음악에도 명작이 있다. 음악의 명작이라고 하면 제일 먼저 클래식이 생각날 것이다. 그렇다면 음악의 명작 클래식도 미술의 명작처럼 힘을 갖고 있을까? 미술 작품만큼의 효과가 있을까? 아니면 다른 효과가 나타날까?

사람들은 음악에도 민감하게 반응한다. 좋아하는 음악은 반복해서 듣지만 싫어하는 음악은 짧은 시간도 들으려 하지 않는다. 음악은 이렇게 사람의 생각과 행위에 영향을 미친다. 더군다나 예술은 아주 미묘한 영향을 발생시킨다. 일반적으로 클래식 음악은 고상하고 품격이 있지만, 팝송은 상대적으로 대중적이고 격이 없다고 생각한다. 그런데 제품을 구매할 때 소비자들에게 클래식과 일반 팝송이 각기 다른 영향을 미칠까?

찰스 아레니Charles Areni와 데이비드 킴David Kim는 이처럼 클래식과 팝송이 배경 음악으로 나왔을 때 소비자의 구매 행동이 달라진다는 것을 보여주었다.[33] 이 연구의 결과는 와인 판매율을 높이는 데 팝송보다는 클래식의 영향이 더 크다는 것을 보여준다. 그 이유는 클래식 음악은 무의식적으로 매장을 방문한 소비자에게 고상한 느낌을 들게 해, 더 값비싼 와인을 사게 만들어주는 역할을 하기 때문이다.

이렇게 클래식과 같은 음악을 마케팅에 활용하는 것을 통칭해 음악 마케팅이라고 부른다. 음악 마케팅은 고객과의 상호 작용에 중점을 두면서 청각이나 소리, 음악 등을 활용하되, 고객의 상황과 기업의 전략에 부합하는 음악적 감성 요소를 개발해 구매 욕구를 자극하는 마케팅 전략이다. 이러한 음악 마케팅의 밑바탕에는 음악을 활용하면 소비자의 심리를 자극해 기업 매출 향상에 도움을 줄 수 있다는 다음의 심리 실험 결과가 있었다.

아레니와 킴의 실험은 와인 판매점에서 이루어졌다. 1990년 5월 4일부터 7월 28일의 기간 동안, 금요일과 토요일 오후 6시~11시 사이에 매장을 방문한 손님들에게 클래식과 팝송을 구분해 들려주었다. 클래식을 틀기로 한 매장에서는 모차르트, 멘델스존, 쇼팽 등의 작품을 들려주었고, 팝송을 틀기로 한 매장에서는 플리트우드 맥Fleetwoood Mac, 제니퍼 러시Jernifer Rush 등 당시의 인기 팝송을 들려주었다. 이때 두 매장의 음악 볼륨은 동일하게 유지했다. 실험 보조자들은 점원으로 가장해 매장에 방문하는 손님들을 연령대별로, 성별로 균형 있게 분배될 수 있도록 안내했다. 그러고 나서 매장의 배경 음악에 따라, 손님들이 와인 선반에 얼마나 머무는지, 또 손으로 와인을 몇 개나 들어서 살펴보는지, 어느 정도 양의 와인을 몇 병이나 구입하는지, 총 구입 금액은 얼마인지를 살펴보았다.

그런데 음악 장르는 손님들이 와인 선반에 얼마나 머무르는지, 와인을 몇 병이나 살펴보는지, 심지어 와인을 몇 병이나 구입하는지에는 전혀 영향을 주지 않았다. 대신 사람들이 구입하는 와인의 개당 가격에만 영향을 미쳤다. 클래식이 연주되는 매장에 있던 사람들은 팝송이 연주

되는 매장에 있던 사람들보다 3배 이상 비싼 포도주를 구입했다.

왜 이런 일이 벌어졌을까? 사람들은 클래식을 들을 때 무의식적으로 자신이 좀 더 고상해진 느낌을 받게 되어, 조금 더 비싼 포도주를 구매하는 것이 자신의 고상함에 어울린다고 생각한다. 이 연구는 간단한 방법을 통해 배경 음악이 매출액에 영향을 미칠 수 있다는 것을 증명했다는 데 그 의의가 있다.

{ 생각의 확장 }

 마케팅은 소비자에게 가치를 제공하기 위한 노력이다. 이를 위하여 다양한 방법들이 시도되어왔다. 헤그베트와 패트릭의 연구, 그리고 아레니와 킴의 연구를 통해서 예술 작품이 마케팅에 활용되면 제품의 품격과 이미지, 선호도를 비롯해 매출에까지 영향을 준다는 사실을 알게 되었다.
 왜 이런 일이 벌어지는가?
 예술작품이 갖고 있는 고품격의 이미지가 제품에 그대로 전이되기 때문이다. 그러나 모든 경우에 동일한 효과가 발생하는 것은 아니다. 제품의 특징과 예술작품의 느낌이 일치할 때 더욱 효과가 증가하게 된다. 오늘날 다양한 분야에서 예술을 마케딩에 직용한 방법이 활용되고 있다. 유명한 명화를 가전제품에 삽입하거나 광고에 명화를 배경으로 넣어 제품이 좀 더 고급스럽게 느껴지게 한다.
 이제 예술은 우리의 소비 생활의 일부분이다. 예술의 시각적, 청각적 요소를 통해 소비자가 제품을 좀 더 고급스럽게 느끼도록 만들 수 있다는 사실 유념할 필요가 있다. 예술 작품을 따라 제품의 품격과 수준 역시 올라가기 때문이다. 그리고 예술이 소비자의 마음을 흔들어 매출에 영향을 준다는 점을 잊지 말아야 할 것이다. 그래야 그 효과를 우리도 이용할 수 있기 때문이다.

한편, 예술작품이 가지고 있는 고품격의 이미지를 자기 고양의 한 방식으로도 활용할 수 있다는 데 주목해보자.

사진작가 K 씨는 작품사진을 찍을 때 클래식 음악을 듣는다. 그날 촬영할 인물(김혜수 씨나 전지현 씨 같은 유명인물들인 경우가 많다)의 느낌과 어울리는 클래식 음악을 골라놓는다. 그리고 그 음악을 크게 틀어놓은 뒤에야 촬영에 들어간다. K 씨만의 리츄얼인 셈인데, 그때 클래식 음악은 모델의 포즈를 훨씬 연극적으로 만들어줄 뿐만 아니라 사진을 찍는 K 씨에게도 에너지를 준다고 한다. 문필가 중에도 창작을 시작하기 전에 자신이 좋아하는 클래식 음악을 틀어놓는 이들이 꽤 많다고 한다. 상처받기 쉬운 섬세한 예술가들은 아마도 클래식 음악을 들으며 자신의 작품이 그와 같은 명작이 되길 바라는 것은 아닐까.

하지만 그처럼 명화를 보고 명곡을 듣는 것을 통해 자신을 고양시키는 리츄얼이 비단 예술가들만의 것은 아니다. 내가 가장 좋아하는 그림, 나를 고양시키는 그림을 휴대전화나 컴퓨터 바탕화면으로 설정해보라. 그 그림을 볼 때마다 당신은 소중한 사람임을 느끼게 될 것이다. 또 가장 마음에 드는 음악을 잠자기 전 일기를 쓸 때 틀어놓거나 아침에 기상할 때 들어보자. 품격 있는 하루를 즐기게 될 것이다.

제10장

생각하는 동물, 생각 없이 사는 동물

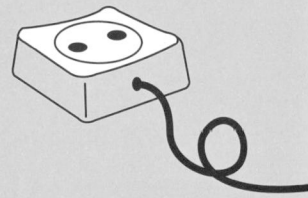

인간은 생각하는 동물이라고 한다. 그런데 주변을 둘러보면 생각 없이 사는 사람들이 더 많아 보인다. 우리는 정말 생각하는 동물이 맞을까? 그렇다면 왜 합리적이고 이성적인 선택을 하지 못하는 것일까? 생각의 속도가 중요하다고 말하는 시대, 우리가 얼마만큼 제대로 생각하고 있는지 살펴보자.

생각하는 동물이 맞나?

인간은 생각하는 동물이다. 인간은 다른 포식동물보다 힘도 약하고, 추위나 더위 같은 환경에도 약하지만, 생각하는 능력만으로 지구의 먹이 사슬 구조에서 최상위 지배자가 되었다. 생각하는 능력이야말로 인간의 결정적 경쟁우위인 것이다. 인류가 만든 철학적, 과학적 산물은 모두 생각의 힘으로 발전해왔다. 특히 20세기 이후에는 그 속도가 아주 빨라져, 생각의 효과가 더욱 커지는 시대가 되었다. 생각의 힘이 모든 것을 가능하게 만드는 시대가 된 것이다.

그러나 우리 모두가 생각을 열심히 하고 사는 건 아니다. 주변 사람들의 일상생활을 살펴보면 그들이 정말 생각하는 존재인가 하는 의문이 들기도 하다. 자신의 관점으로 사물을 체계적으로 판단하기보다는 주어진 정보대로 아무 생각 없이 판단하는 경향이 많기 때문이다.

예를 들어보자. 별로 좋아 보이지도 않는 외국 제품을 단지 명품 브랜드라는 이유로 10배나 더 높은 비용을 주고 사기도 하고, 특정 기업의 주식이 오를 것이라는 근거 없는 소문에 휩싸여 수천만 원을 투자하여 낭패를 보기도 하고, 어느 지역이 뜬다는 낭설에 현혹되어 무리한 대출을 받아 땅을 샀다가 심각한 손해를 보기도 한다. 하지만 더욱 놀라운 사실은 이처럼 어리석은 행동을 멈추지 않고 계속 반복한다는 것이다. 앞으로는 그러지 않겠다고 다짐하지만, 또 같은 행동을 하기 일쑤다.

이런 결과만을 놓고 보면, 인간이 과연 합리적인 사고를 하는 존재인지에 대해 의문이 든다. 인간은 정말 언제나 합리적으로 생각할까? 심리학자들의 연구에 따르면 경우에 따라서 합리적일 수도 있고 그렇지 않을 수도 있다. 이 부문에 대한 관심은 오랫동안 연구되었는데, 쉘리 차이킨Shelly Chaiken에 의해 어떤 조건에서 어떤 사고를 하는지에 대한 통찰적 연구가 이루어졌다.[34]

생각 좀 하고 살자

쉘리 차이킨은 사람의 생각하는 방식은 2가지가 있다고 가정했다. 즉 체계적 정보처리Systematic Processing와 단서 중심적 정보처리Heuristic Processing가 그것이다. 체계적 정보처리란, 말 그대로 주어진 정보를 꼼꼼히 따져보고 그 의미를 정밀 분석해내는 방식이다. 여러분이 대학에 들어가기 위해 시험 보던 때를 생각해보라. 어떻게 문제를 풀었는가? 문제를 잘못 읽으면 안 되니까 문제도 꼼꼼히 살펴보고 어떤 것이 정답인지 아주 열심히 생각했을 것이다. 이처럼 주어진 정보의 의미를 놓치지 않으려고, 인지적 자원을 사용하여 빠짐없이 정보를 처리하는 사고방식이 바로 체계적 정보처리다. 이것은 주어진 정보의 중요도가 높을 때 사용해, 정보처리의 손실이 적다.

반면 단서 중심적 정보처리란, 주어진 정보를 대충 살펴보고 그 의미를 기존의 기억으로 추론하여 평가하는 정밀하지 않은 방식이다. 여러분이 지하철에서 신문 볼 때를 생각해보라. 신문에 있는 내용을 빠짐없이 꼼꼼하게 따지면서 읽는가? 아니면 굵게 쓰인 헤드라인을 중심으로 건성 읽는가? 대부분의 경우는 후자에 해당된다. 신문의 헤드라인을 중심으로 전체 내용을 간단하게 훑어보는 것이다. 이처럼 한두 가지의 단서를 중심으로 이후 정보를 추론하는 정보처리 방식을 단서 중심적 정보처리라고 한다. 단서 중심적 정보처리는 주어진 정보가 중요하지 않고, 별 의미 없다고 느껴질 때 사용하다. 메시지의 세부적인 내용보다는 겉으로 보이는 주요한 특징을 중심으로 사고하는 방식이다. 따라서 잘못된 처리로 인해 정보처리상의 에러가 많이 발생한다.

이게 무슨 소리인가 하는 생각이 들 것 같아 하나의 예를 더 들어보겠다. 대학교 동창인 두 명의 주부가 오랜만에 만났다. A주부는 결혼을 늦게 해서 아이가 초등학교 2학년이고, B주부는 결혼을 빨리 해서 아이가 고등학교 2학년이다. 둘이서 한참 수다를 떨고 있는데, TV에서 대학 입시 제도가 내년에 변한다는 뉴스가 흘러나왔다. 이 뉴스를 접한 두 명의 주부는 반응은 어땠을까? 각자가 처한 입장에 따라 전혀 달랐을 것이다. 아이가 초등학생인 A주부에게 대학 입시는 상대적으로 먼 나라 이야기이므로, 꼼꼼히 따져 생각할 필요가 없다. 따라서 세부적인 내용보다는 대학입시가 또 변했다는 사실과 자신의 아이한테까지 크게 영향을 끼치지는 않을 것이라는 수준으로 생각하고 말았을 것이다. 그러나 B주부는 아이가 고등학교 2학년이므로 그 뉴스에 깜짝 놀랄 것이다. 뉴스를 절대 허술하게 넘기지 못하고, 뭐가 바뀌는지 세세하게 알아보고 내년을 준비하고자 할 것이다.

두 명의 주부에게 주어진 정보는 동일하지만, 각자가 처한 환경이 다르기 때문에 정보처리의 의도와 수준 역시 달라지는 것이다. A주부처럼 주어진 정보의 한두 가지 특징을 통해 전체를 확대 추론하는 것이 단서 중심적 정보처리고, B주부처럼 세부적인 내용을 모두 꼼꼼히 따져보는 것이 체계적 정보처리다. 이 두 가지 사고방식을 하나의 표로 요약하면 오른쪽과 같다.

쉘리 차이킨은 사람에게 이 두 가지 정보처리의 방식이 있다는 것을 증명하고자 했다. 그런데 문제는 어떻게 이것을 증명할 수 있느냐 하는 것이다. 결코 쉽지 않다. 사람의 머릿속을 현미경으로 들여다볼 수도 없고, 물어본다고 정확한 답을 얻을 수도 없기 때문이다. 남은

	체계적 정보처리	단서 중심적 정보처리
사고방식	메시지의 구체적 내용을 꼼꼼히 따져 의미를 파악하려 노력	메시지의 구체적 내용보다는 정보 제공자의 특성과 같은, 메시지 내용과 상관없는 특징적 단서를 통해 결정 예) 키, 외모, 옷과 같은 주변단서
의견 변화	처리한 메시지의 동의 정도에 따라 의견이 순차적으로 변화	내용과 관계없는 특징 단서를 통해 의견 변화 발생
고려 요인	메시지 특성	정보 전달자의 주변 특성
인지적 자원의 사용	인지적 자원을 많이 사용 생각의 양이 많음	인지적 자원을 적게 사용 생각의 양이 적음
정보처리 관점	신뢰성에 더 많은 중요도	경제적 효율성에 더 많은 중요도
관여도	고관여 상황에서 일어남	저관여 상황에서 일어남

것은 가설을 세우고 추론을 통하여 증명하는 방법밖에 없다.

이런 추론이 가능하다. 만약 개인에게 아주 중요한 조건에서는 그렇지 않은 조건보다 주어진 정보를 차근차근 살펴볼 것이다. 이때의 기억 양과 내용이 그렇지 않은 조건보다 훨씬 높다면 체계적 정보처리가 이루어졌다고 가정할 수 있을 것이다.

반대의 조건도 생각해볼 수 있다. 만약 개인에게 중요하지 않은 조건에서는 주어진 정보를 건성건성 살펴볼 것이다. 이때의 기억 양과 내용이 두드러진 특징이나 단서를 중심으로 이루어져 있다면, 체계적 정보처리가 아니라 단서 중심적 정보처리가 이루어졌다고 가정할 수 있을 것이다.

쉘리 차이킨은 관여도 상황에 따라 다음과 같은 가설을 세웠다. 조금 복잡한 내용이지만 간단히 정리하면 대략 다음의 2가지로 요약된다.

가설1 고관여 상황에서는 체계적 정보처리를 할 것이므로, 6가지 논증에 더 큰 의견변화를 일으킬 것이며, 상대적으로 정보 제공자의 호의성에는 영향을 받지 않을 것이다.
가설2 저관여 상황에서는 단서 중심적 정보처리를 할 것이므로, 논증의 수에 영향을 받지 않을 것이며, 정보 제공자의 호의성에 큰 영향을 받을 것이다.

그러니까 고관여 상황과 저관여 상황을 만들어놓고, 6가지 논증과 정보 제공자의 호의도에 어떻게 반응하는지를 살펴보면, 체계적 정보처리인지 단서 중심적 정보처리인지 알 수 있을 것이다. 그 결과는 아

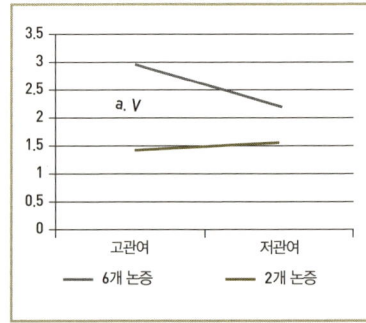
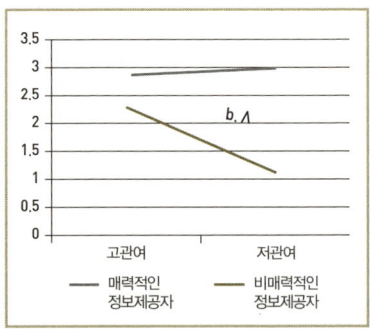

래와 같이 나왔다.

먼저 고관여, 저관여 상황으로 나누어 보는 것이 이해를 하는 데 용이하다. 고관여 상황에서는 6개의 논증을 모두 처리하는 것으로 나타났다 (a조건). 반면 저관여 상황에서는 비매력적인 정보제공자의 메시지는 거의 처리하지 않는 것으로 나타났다 (b조건). 다시 말해 고관여 상황에서는 정보전달자가 매력적이지 않더라도, 모든 정보를 최대한 정확하게 처리하려고 하며, 저관여 상황에서는 매력적인 정보제공자의 메시지만 처리하려 한다는 것이다. 따라서 쉘리 차이킨이 가정한 2가지 가설은 모두 검증되었다. 즉 고관여 상황에서는 체계적 정보처리가 일어났고, 저관여 상황에서는 단서중심적 정보처리가 일어났다고 판단할 수 있다.

이로서 우리는 다음과 같은 결론을 얻을 수 있다.

1. 사람에게는 두 가지 정보처리 방법이 있다. 그것은 체계적 정보처리와 단서 중심적 정보처리다.

2. 체계적 정보처리는 고관여 상황에서 이루어지며, 중심 메시지에 집중하게 된다. 반면 단서 중심적 정보처리는 상대적으로 저관여 상황에서 이루어지며, 핵심이 아닌 주변적인 특징이나 단서에 집중하게 된다. 이때 단서를 중심으로 나머지 내용을 확대, 추론하게 된다.

어떤 방식의 정보처리가 더 힘이 셀까?

우리는 쉘리 차이킨의 연구를 통해 사람은 체계적 정보처리 방식과 단서 중심적 정보처리 방식으로 정보를 처리한다는 사실을 알 수 있었다. 그렇다면 이 두 가지 정보처리 방식 중 어떤 것이 우리 삶에서 더 지배적일까?

어떤 정보처리가 더 지배적인 정보처리의 방식인가에 대한 연구가 많이 이루어졌는데, 결론은 단서 중심적 정보처리가 더 지배적이라는 것이다. 그러니까 사람은 주어진 정보를 꼼꼼히 따져서 판단하기보다는 한두 가지 특징만을 보고, 이것을 중심으로 확대 추론하는 경향이 훨씬 강하다는 것이다. 이것은 무엇을 의미하는가? 인간이 일상생활에서 체계적이지 못하다는 사실을 보여준다. 사물에 대한 판단이 체계적이고 꼼꼼하지 못하므로 다양한 형태로 정보처리상의 에러가 발생하게 되는데, 이 때문에 인간관계에서 수많은 오해와 갈등이 벌어지게 된다.

생각하는 동물인 인간은 대부분의 경우 체계적으로 정보를 처리할 것 같은데, 단서 중심적으로 정보를 처리해 수많은 오해를 불러일으키고 잘못된 판단을 한다. 이해를 돕기 위해 우리가 어떻게 정보를 잘못 처리해 오해하게 되는지 간단한 예를 들어보겠다.

어떤 젊은 과학자가 신년 CEO 모임에 특강을 나갔다고 가정해보자. 사회자가 이 과학자를 청중에게 이렇게 소개했다.

"이분은 하버드 대학교에서 박사학위를 받고, 세계적인 저널에 논문을 10여 편 발표한 홍길동 박사님입니다. 오늘 우리에게 미래 경영 전략에 대한 강의를 해주기 위해 이곳에 오셨습니다. 큰 박수 부탁드립니다."

이런 소개를 들었다면, 청중들은 어떤 생각을 하겠는가?

'와! 젊은 사람이 그렇게 놀라운 일을 했다니······. 음, 무슨 얘기를 하는지 잘 들어봐야지.'

이번에는 다른 내용으로 과학자를 소개한다고 가정해보자.

"원래 하버드 대학교에서 박사학위를 받고, 세계적인 저널에 논문을 10여 편 발표한 홍길동 박사님을 모시려 했는데, 일정에 차질이 생겨서 홍길동 박사님의 조교를 모셨습니다. 여러분도 아시다시피 설명은 조교가 더 잘합니다. 큰 박수 부탁드립니다."

이런 소개를 듣고 난 청중들은 아마 이렇게 생각할 것이다.

'이런! 내가 조교 얘기를 듣기 위해 여기까지 왔나? 잘못 걸렸는데······. 눈치 봐서 나가야겠다.'

하버드 대학교 출신의 박사로 소개될 때와 그의 조교로 소개될 때, 전혀 다른 정보처리가 이루어진다. 왜 이런 식으로 정보처리가 이루어질까? 그것은 '하버드 대학교 출신의 박사'라는 단서 때문이다. 우리나라 사람들은 하버드 대학교를 세상에서 제일 좋은 대학교라고 생각한다. 하버드 대학교에서 박사를 받았다면 세계에서 가장 머리 좋은 사람이라고 추론하는 것이다. 그래서 그의 강의 역시 훌륭할 것이라 예상한다. 반면에 그의 조교는 상대적으로 훨씬 못 미치는 지위에 있는 사람이라고 생각한다. 더군다나 조교는 CEO라는 자신의 지위에 비해 지나치게 낮은 지위이므로 강의를 하기에 적합하지 않다고 생각한다. 그래서 별 볼일 없는 강의가 이루어질 것이라는 추론을 하게 된다.

그런데 이 두 가지 조건에서 우리가 놓친 것이 있다. 그것은 강사가 하는 강의 내용은 똑같다는 사실이다. 두 경우의 강의 내용이 똑같은데 단지 소개하는 안내 멘트가 하버드 대학교 출신의 박사인 경우와 그의 조교로 나뉜 것이다. 단지 안내 멘트만 다르고 강의 내용은 같은데도 청중들은 하버드 대학교의 박사가 한 강의가 훨씬 의미 있었다고 여긴다. 그 이유는 체계적 정보처리가 아니라 단서 중심적 사고가 이루어졌기 때문이다. 강의 내용에 대한 체계적인 정보처리보다는 강사를 소개하면서 한 몇 가지 중요 단어를 중심으로 정보처리를 한 것이다.

이번에는 나의 예를 들어보겠다. 지난여름, 어머니께 믹서를 하나 사드렸다. 전자제품 판매점에 가서 몇 종류의 믹서를 살펴보았다. 마음에 드는 것은 두 개의 제품이었는데, 두 제품은 모두 똑같고 단지 브랜드만 달랐다. 아마 한 중소기업에서 제품을 만들어서 유명한 브랜드와 조금 덜 유명한 브랜드에 각각 납품을 한 것 같았다. 똑같은 제품임에도 유명 브랜드의 제품이 20퍼센트 정도 비쌌다. 나의 어머니가 어떤 제품을 선택했을까? 똑같은 제품에 브랜드만 다르니 저렴한 것을 구매해도 괜찮을 것 같은데, 어머니는 유명 브랜드를 선택했다. 어머니에게 그 이유를 물어보니 유명브랜드가 잘 안 망가진다는 것이었다. 그래서 20퍼센트의 가격을 더 주고 똑같은 유명 브랜드를 선택한 것이다. 이것 역시 생각이 단서 중심적 정보처리 방식으로 이루어진 것이다. 이 경우에는 브랜드가 사람의 정보처리를 도와주는 단서로 작용했다. 그 제품의 특성과 가격 등을 꼼꼼히 따져보기 어려우니, 브랜드라는 정보처리의 손쉬운 단서를 중심으로 그 제품의 가치를 확대 추론한 것이다. 이처럼 우리는 거의 대부분의 경우에 체계적 정보처리를 하기보다는 단서 중심적 정보처리를 한다.

단서 중심적 정보처리를 더 많이 하는 이유

왜 사람들은 단서 중심적 정보처리 방식을 주로 사용할까? 이는 인간이 효율성을 중요시하기 때문이다. 인간은 기본적으로 최소의 노력으로 최대의 효과 Minimum Effort, Maximum Utility를 얻으려고 한다. 그래서 자신이 이미 알고 있는 내용에 대해서는 따로 인지적 자원을 할당하려 하지 않는다. 외부의 정보가 들어오면 우선 내가 알고 있는 것인가 아닌가를 따져본 뒤, 이미 알고 있는 것이라면 기존의 기억내용을 중심으로 간략한 정보처리를 시행하고, 모르는 내용이라면 어떻게 정보처리할지 고민하게 된다. 하지만 이런 고민에도 불구하고, 대부분은 단서 중심적 정보처리 방식을 사용한다. 그 이유는 크게 다음과 같은 세 가지로 나누어 살펴볼 수 있다.

첫째, 사람은 정보를 처리함에 있어 자기 중심성self orientation의 원칙을 사용한다. 외부의 정보를 접했을 때, 자기와 관련된 정보를 중시하여 처리하고 그렇지 않은 경우는 기각하는 성향이 높다. 이런 특징 때문에 자기가 좋아하는 것들을 남들도 좋아할 것이라 생각하기도 한다. 그래서 사람은 자신이 보고 싶은 것만 선택해서 본다.

둘째는 자기 고양성Self enhancement이다. 사람은 긍정적 자아관을 유지시키기 위해 자신에게 이로운 정보를 유지하려고 하다. 언제든지 외부의 정보를 수용할 때는 자신의 이미지에 도움이 되는지 아닌지를 살펴 수용할 것인지 말 것인지 판단하게 된다. 우스갯소리 같지만 인간이 얼마나 자기 고양성을 중요시 여기는지 쉽게 알 수 있는 예를 들어보겠다. 다음은 우리나라의 보편적인 엄마들이 가진 생각이다.

경우1 우리집 아이가 공부를 잘한다면 '나를 닮아서 머리가 좋아.'
경우2 옆집 아이가 공부를 잘한다면 '그 아이는 과외공부를 하고 있는 거야.'
경우3 우리집 아이가 공부를 못한다면 '머리는 좋은데, 친구를 잘못 사귀었어.'
경우4 옆집 아이가 공부를 못한다면 '그 아이는 머리가 나쁜 것만 같아.'

셋째는 인지적 보수성Cognitive Miser이다. 일반적으로 사람이 기존의 생각을 바꾸려면 스스로 많은 노력을 기울여야 한다. 그런데 이것이 쉽지 않다. 스스로 고민하고 노력해서 무엇인가에 대한 지식을 확충하는 것을 좋아하는지 아닌지를 생각해보라. 우리의 예상보다 인간은 머리 쓰는 것을 싫어한다. 그래서 웬만하면 기존의 태도를 그대로 유지하려는 경향이 강하다. 쉽게 태도를 바꾸려 하지 않는 것이다.

위 세 가지를 보면 인간이 왜 단서 중심적 정보처리 방식을 주로 사용하는지 알 수 있다. 인간은 원칙적으로 효율성의 원칙을 지키려 한다. 그래서 자신과 관련된 정보만 받아들이고, 일단 받아들인 정보는 내게 이로운 쪽으로만 판단하고, 거기다 머리 쓰는 것마저 싫어한다. 바로 이런 점들 때문에 사람은 체계적 정보처리보다는 단서 중심적 정보처리 방식을 더 많이 사용하게 되는 것이다.

체계적 정보처리 방식이 필요할 때

그렇다면 사람은 언제나 단서 중심적 정보처리 방식만을 쓸까? 항상 그렇지는 않다. 일반적으로 단서 중심적 정보처리를 많이 하기는 하지만, 특정 조건이 갖추어지면 체계적 정보처리를 하기도 하다. 그런데 체계적 정보처리가 잘 이뤄지기 어려운 것은 몇 가지 조건이 모두 합치되어야만 체계적 정보처리가 이루어지기 때문이다. 체계적 정보처리를 위해서는 크게 두 가지 조건이 필요한데, 바로 동기Motivation 와 인지적 능력Cognitive Capacity이다. 다시 말해 정보처리의 대상에 대해 충분히 호감을 갖고 있어서 정보처리에 대한 동기가 충분해야 하고, 또 그것의 정보를 처리할 수 있는 인지적 능력을 갖고 있어야 한다. 리처드 페티Richard Petty와 존 카시오포John Cacioppo 역시 쉘리 차이킨과 비슷한 연구 결과를 얻어냈는데, 이들의 연구결과를 간략히 요약하면 다음과 같다.[35]

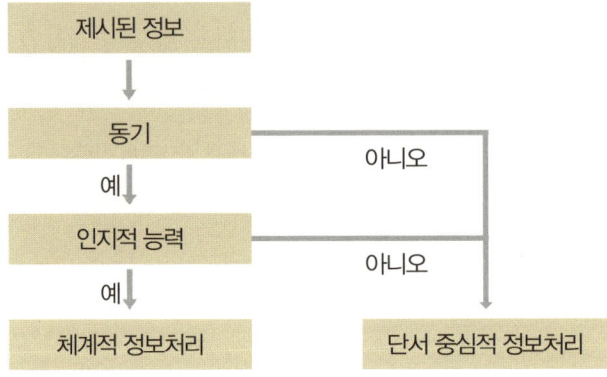

어떤 정보가 주어졌을 때 체계적 정보처리를 할 것인지 단서 중심적 정보처리를 할 것인지의 선택은 크게 두 가지 조건에 의해 좌우된다. 첫째는 정보처리의 동기이고, 둘째는 그 정보를 처리할 인지적 능력이다. 위의 도표에 따라 동기와 인지적 능력이 모두 있으면 체계적 정보처리를 하게 되고, 그중 하나라도 '아니오'라면 단서 중심적 정보처리를 하게 된다.

그렇다면 이런 질문을 해볼 필요가 있다. 우리가 살면서 정보처리의 동기와 그것을 이해할 수 있는 인지적 능력이 모두 갖춰지는 경우가 얼마나 될까?

몇 가지 예를 들어보겠다. 먼저 결혼이다.

결혼은 상품으로 치면 위험성이 매우 큰 상품이다. 한번 의사결정을 하면 반품하기도 어렵고, 반품이 되더라도 여러 가지 복잡한 흔적을 남기게 된다. 그러니까 아주 꼼꼼히 따져서 구매해야 하는 상품이다. 따라서 결혼에 대한 정보처리의 동기는 충분하다. 그런데 대부분의 연인이 아직 나이가 어리고 경험이 적다보니 결혼에 대한 정보처리의 인지적 능력이 부족하다. 그래서 체계적 정보처리보다는 단서 중심적 정보처리가 이루어진다.

'이렇게 예쁜데, 살림은 얼마나 잘할까?'

'마음이 이렇게 착하니까 나를 행복하게 해줄 거야.'

'대기업에 다니잖아. 모든 걸 잘할 거야.'

'명문가의 딸이잖아. 사는 것도 훌륭할 거야.'

그렇지만 단서 중심적 정보처리는 기본적으로 정보처리의 오류를 품고 있다. 그래서 얼마 지나지 않아 가지 않은 길에 대한 후회를 하게 된다.

또 다른 예를 들어보겠다. 위험도가 크면 체계적 정보처리를 해야 하지 않을까? 그래서 고관여 제품에는 체계적 정보처리를 할 것이라고 예상할 수 있다. 과연 그럴까? 가장 고관여 제품으로는 집, 자동차, 명품가방 등이 있다. 집을 살 때나 자동차를 살 때, 아니면 명품가방을 살 때를 생각해보라. 체계적 정보처리를 했는지 아니면 단서 중심적 정보처리를 했는지 떠올려보면 대부분 단서 중심적 정보처리를 했다는 걸 기억할 수 있을 것이다.

'래미안인데 잘 지었겠지.'

'BMW잖아. 성능은 볼 것도 없어.'

'루이뷔통인데 얼마나 튼튼할까.'

정보처리의 동기가 충분하더라도 인지적 능력이 되지 않으므로, 체계적 정보처리가 이루어지지 않게 된다. 이번에는 구매의 위험도가 낮은 제품을 생각해보자. 가격도 비싸지 않고 특별한 상징성도 없는 일상의 제품들이다. 예를 들어 볼펜이나 티셔츠, 간단한 운동화, 손목시계 등이 해당된다. 이런 제품들을 구매할 때는 기본적으로 정보처리를 올바르게 하려는 동기가 높지 않다. 정보처리의 동기가 높지 않으면 어떻게 될까? 바로 단서 중심적 정보처리로 넘어간다.

우리 주변의 소비환경을 생각해보라. 정보처리를 체계적으로 하게 되는 제품이 얼마나 될까? 별로 없다. 결혼이나 집, 자동차도 체계적 정보처리를 못하는데, 하물며 일상의 제품을 구매할 때 체계적 정보처리를 하겠는가. 대부분의 경우는 단서 중심적 정보처리를 한다. 이렇게 일상생활에서 거의 대부분 단서 중심적 정보처리를 하기 때문에 수많은 정보처리의 오류가 일어나게 된다.

{ 생각의 확장 }

성공하는 사람들에게는 어떤 특징이 있을까?

여러 차원의 논의가 있을 수 있겠지만 정보처리 차원으로 본다면 체계적 정보처리를 하는 사람들이라고 할 수 있다. 왜 그럴까? 세상 많은 사람들이 단서 중심적 정보처리를 한다. 다시 말해, 몇 가지 단서를 중심으로 확대해석해 추론한다. 당연히 삶은 오류투성이다. 하지만 오류의 양이 적은 사람이 성공한다. 주어진 정보를 살펴보고 꼼꼼히 따져봐야 이전에 보지 못하던 내용을 보게 된다. 즉 체계적 정보처리를 해야만 한다.

지금은 완전 경쟁의 시대라고 말한다. 만인 대 만인의 경쟁이 곳곳에서 벌어지고 있다. 20대는 들어갈 직장이 없다 말하고, 30대는 잘못된 선택을 했다고 말하고, 40대는 더 이상 갈 곳이 없다고 말한다. 자신의 특성과 직업의 특성을 체계적으로 살피지 못하고, 사회적 흐름에 따라 되는 대로 살아왔기 때문에 이런 생각을 하게 되는 것이다.

모든 성공하는 사람들의 특징을 살펴보라. 그들은 모두 스스로의 선택으로 직업을 얻고, 열심히 공부해 원리를 완전 이해하고 미래의 대안을 만들어내는 사람들이다. 체계적 정보처리를 하는 사람과 단서 중심적 정보처리를 하는 사람이 경쟁하면, 백이면 백 체계적 정보처리를 하는 사람이 이기게 된다.

인생에서 해야 할 일을 정할 때, 가장 먼저 추천하는 건 좋아하는 일을 하라는 것이다. 경쟁이 심해지는 순간에 더욱 중요해지는 말이다. 왜 좋아하는 일을 해야 할까? 좋아하는 일을 하면 시키지 않아도 생각하게 되고, 그만 자라고 해도 계속 생각하게 된다. 스티브 잡스가 맥킨토시를 만들고, 아이팟을 만들고, 아이폰을 만들고, 아이패드를 만들 때 체계적으로 정보처리를 했을까 단서 중심적으로 정보처리를 했을까? 당연히 체계적으로 정보처리를 했을 것이다.

체계적 정보처리 방식은 누가 시킨다고 이루어지는 것이 아니다. 스스로의 동기에 의해 인지적 능력을 키워나가다 보면 저절로 이루어지는 것이다. 여기서 무엇이 핵심일까? 스스로 좋아하는 일이라야 한다는 것이다. 그렇지 않으면 결국 에너지가 떨어져 지쳐 쓰러지게 된다. 따라서 정말로 좋아하는 일을 해야 하다.

사람이 살다보면 자기가 원하는 대로 사는 경우가 많지 않다. 부모님이 시키는 대로, 선생님이 시키는 대로, 사회가 요청하는 대로, 주변에서 말하는 대로 살기 마련이다. 그러다 보면 자신이 진정 무엇을 좋아하는지 모르는 경우도 많다. 왜 이런 일이 일어날까? 그렇게 학습받았기 때문이다. 어려서부터 누군가의 의견에 자신을 맞춰 살다보니, 내가 원하는 것을 스스로 탐색해본 적이 없었던 것이다. 자신이 진정으로 원하는 일을 찾아라. 그렇게 할 때 동기가 생기고, 인지적 자원을 늘리게 되고, 전문성 역시 살아나게 될 것이다.

사실 사소한 일상의 영역에서도 체계적 정보처리 방식으로 정보를 처리하는 것은 쉽지 않다. 체계적 정보처리를 요구할 때는 대개 일이 어려운 경우다. 계약서나 보험약정서 등은 보기만 해도 머리가 지끈거리지 않는가. 그리고 정보처리의 결과가 바로 나타나지 않는 경우에는 동기가 아주 강하지도 않다(주식이나 집을 살 때, 일정한 시간이 경과해야 본인의 결정이 어떤 결과를 가져왔는지 알게 되는 경우가 많다). 그래서 휴대전화나 사진기 같은 비교적 저렴한(물론 싸다고 할 수는 없지만 집이나 대량의 주식에 비해 저렴한) 물건을 구매할 때는 가격비교사이트와 사용후기 등을 꼼꼼하게 검토하며 체계적으로 정보를 처리하는 반면, 값이 비싼 부동산이나 주식 등을 구매할 때는 단서 중심적 정보처리를 하는 아이러니가 종종 벌어지게 된다.

내가 만난 몇몇 부자들은 이런 아이러니에 대한 나름의 방책이 있었는데, 그게 대체로 일정한 '리츄얼'과 같았다. 이들은 계약서를 대하는 일정한 형식이 있었다. 가령 '책상을 깨끗이 치우고 책상 위에 오직 계약서만 올려놓고 검토한다'거나 '모든 계약서는 소리내어 읽는다'거나, '보험 및 예금 등 금융관련 약관을 읽을 때는 오른손 검지손가락으로 밑줄을 그으며 읽는다'는 일련의 룰을 가지고 있다. 이런 리츄얼들을 통해 부자들은 정말 중요한 계약을 단서 중심적 정보처리 방식으로 처리해

망치지 않게 예방한다.

당신은 어떤가? 정보홍수의 시대, 모든 정보를 체계적으로 처리할 수는 없지만 내게 정말 중요한 정보는 체계적 정보처리가 가능하도록 일련의 리츄얼을 갖춰놓아야 하지 않을까.

작은 리츄얼 이야기

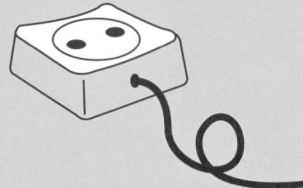

여기에는 최근 진행되는 감각적이고 흥미로운 연구들을 모아보았다. '아, 이런 것도 있구나!'라고 놀라게 되는 연구들이다. 우리는 이를 통해 생활 곳곳에 숨어 있는 작은 리츄얼들을 찾을 수 있을 것이다.

작은 리츄얼 이야기1
작은 정성, 큰 효과

해외 출장 후 귀국길에는 항상 면세점에 들른다. 아내에게 줄 선물을 살펴봐야 하기 때문이다. 무엇을 선물해야 하나 고민하는 것도 힘든 일이다. 목걸이를 좋아하니 목걸이를 사주고 싶지만 값이 만만치 않다. 그렇다고 싼 것을 사자니 남의 시선도 있고, 싼 거 사느니 돈을 모아서 비싼 것을 사주는 게 좋지 않을까 하는 생각도 들어 사지 않게 된다. 이리저리 면세점을 돌아다니다가 결국 초콜릿만 사갖고 돌아오게 된다.

그런데 비싼 선물은 그만큼의 효과가 높을까? 저렴해도 정성만 들어가면 충분한 효과를 얻을 수 있을까?

아버지가 부자인 친구가 있었다. 이 친구는 자신의 카드에 일정액의 한도를 정한 후 여자 친구에게 선물했다. 여자 친구 스스로 원하는 선물을 직접 사라고 한 것이다. 처음에는 이 여자 친구도 매우 만족했지만, 이 감동은 그리 오래가지 않았다. 자기가 원하는 물건을 사기는 했는데, 이것은 선물이라기보다는 자신이 필요해서 산 것이라는 느낌을 줄 뿐 감동이 전혀 전달되지 않았기 때문이다. 이 커플은 결국 몇 번의 싸움 끝에 헤어지고 말았다.

  돈으로 얻은 사랑은 더 많은 돈이 생기면 뒤도 돌아보지 않고 떠나게 된다. 사랑은 돈으로 얻는 것이 아니다. 그럼 무엇이 필요할까? 작지만 마음이 담긴 선물이 필요하다. 나의 경우는 아내의 선물 대신 장모님께 드릴 선물에 더 많이 고민한다. 친정어머니를 챙기는 남편을 사랑하지 않을 여자가 어디 있겠는가? 더군다나 이 선물은 장모님까지 내편으로 만드는 일석이조의 효과를 발휘한다. 선물은 비싼 게 중요한 게 아니라는 사실을 잘 보여주는 예가 아닐 수 없다.

  그런데 작은 정성의 힘을 연구한 실험이 있다. 매우 간단하고 흥미로운 실험이다.

포스트잇으로 부탁하세요

아주 조금의 정성이 들어간 행동만으로도 다른 사람들을 감동시킬 수 있을까? 빠르게 급변하는 사회 환경 속에서 현대인들은 누군가에게 편지지나 카드를 이용해 하고 싶은 말을 하기보다는, 컴퓨터나 휴대전화와 같은 기계를 이용해 이메일이나 메신저를 통해 하고 싶은 말을 하는 것에 더 익숙해져버렸다. 정성이 들어가 있지 않은 이러한 행동은 인간관계에 있어서 편리성이라는 장점을 선사했지만, 반드시 좋은 결과만을 제공하지는 않는다.

랜디 가너Randy Garner는 조그만 메모지에 손으로 글을 써서 부탁하면 다른 사람의 마음을 움직이는 데 도움이 되는지를 알아보고자 했다.[36] 그래서 포스트잇을 사용해 사람들에게 설문지를 작성해 달라고 할 때, 어떤 효과가 있는지 확인하는 실험을 실시했다. 그 결과, 개인적인 정성이 들어간 포스트잇을 설문지에 붙이면 더 많은 사람들이 설문에 답하는 것을 볼 수 있었다.

랜디 가너는 150명의 대학생 실험 참가자들을 모았다. 이들을 3개의 그룹으로 나누고, 각각의 그룹 구성원들에게 설문지를 작성해달라고 부탁했다. 이때 3개의 그룹에게 서로 다른 방식으로 설문을 부탁했다.

그룹1 설문지를 작성해 달라는 요청을 포스트잇에 손으로 쓴 다음, 설문지 표지에 부착
그룹2 설문지를 작성해 달라는 요청을 설문지 표지에 바로 씀
그룹3 아무것도 쓰거나 붙이지 않고 설문지만 줌

결과는 매우 흥미롭게 나타났다. 포스트잇에 설문지를 작성해 달라

는 요청을 손으로 적고, 설문지 위에 붙여 놓은 그룹의 설문 응답률은 76퍼센트로 매우 높게 나타났다. 반면 설문지 위에 직접 기입한 그룹은 48퍼센트로 현격히 낮아졌으며, 아무것도 안 붙인 그룹은 36퍼센트의 매우 낮은 응답률을 보였다.

이 결과를 통해 우리는 포스트잇을 붙이는 행동이 무언가 정성을 담고 있는 것을 의미하며, 응답자들은 이런 정성에 상호 호혜적으로 대해야 하므로 더 많이 응답했다는 사실을 알 수 있다.

그런데 첫 번째 실험의 결과가 정성에 대한 화답으로 나온 것인지, 아니면 단순히 포스트잇 때문에 나온 것인지 구분해야 할 필요가 있다. 단순히 형광색 포스트잇 때문이 아니라 정성에 대한 화답임을 보여주기 위해, 다음과 같은 추가 실험을 진행했다. 절차는 첫 번째 실험과 거의 같고, 세부 내용은 다음과 같았다.

그룹1 설문을 요청하는 포스트잇을 설문지 위에 붙임
그룹2 아무것도 적지 않은 포스트잇을 설문지 위에 붙임
그룹3 포스트잇 자체를 붙이지 않고 설문지만 줌

두 번째 실험의 경우 설문지를 작성해 달라는 요청을 포스트잇에 쓴 다음 설문지 표지에 부착한 그룹의 응답률이 69퍼센트로 가장 높게 나타났으나, 아무것도 적지 않은 포스트잇을 붙인 그룹은 43퍼센트로 응답률이 현격히 떨어졌다. 아무것도 적지 않고 포스트잇도 붙

이지 않은 그룹의 응답률은 이전과 비슷한 34퍼센트였다. 이 실험 결과를 볼 때 포스트잇을 붙였다고 해서 설문 응답률이 높아지는 것이 아니라는 사실을 알 수 있다. 포스트잇에 정성을 들여야만 응답률이 높아지는 것이다.

가너는 이 연구를 통해 포스트잇에 손으로 메시지를 적고 표지에 붙이는 것이 크게 힘든 일은 아니지만, 사람들은 들어간 노력과 개인적인 정성을 인정해주려는 경향이 있음을 보여주었다. 사람들은 개인적인 정성에 보답하기 위해 요청을 들어줘야 한다고 느낀다. 게다가 손으로 적은 포스트잇 메시지를 받은 사람들은 좀 더 빨리 설문지를 제출했고, 더 자세하고 신중하게 답변했다. 그리고 연구자가 자기 이름을 적거나 '고맙다!'란 말을 덧붙이는 식으로 개인적인 느낌을 더 가미한 경우에 응답률이 훨씬 더 높게 나타났다.

우리가 다른 사람에게 부탁을 할 때 개인적인 정성을 표현할수록 그 사람이 부탁을 들어줄 확률은 증가한다는 것을 랜디 가너는 일상생활에서 편리하게, 자주 사용하는 포스트잇이라는 소재를 통해 검증했다. 작은 것으로도 마음을 움직일 수 있다는 작은 리츄얼의 가능성을 보여주는 것이라 할 수 있다.

야구 선수 양준혁은 타구가 빗맞아 1루에서 아웃될 것이 뻔해도 죽어라 열심히 달렸다. 아웃될 것이 뻔하지만 죽어라 달리면 수비수에게 압박을 주어 실수를 유발할 수도 있고, 다른 베이스 주자들에게 기회가 생길 수도 있기 때문이다. 아웃될 것이 뻔해도 죽어라 뛰는 양준

혁, 그가 바라는 것은 무엇이었까? 작은 정성이 큰 차이를 만들기를 원했을 것이다. 지성이면 감천이라고, 작은 정성이 큰 변화를 불러올 수 있다.

비슷한 옛날이야기를 하나 해보겠다. 옛날에 서로 마주 보고 장사하던 짚신 장수가 있었다. 똑같은 짚신을 팔고 있었지만, 한 가게는 늘 장사가 잘되고 한 가게는 늘 장사가 안되었다. 장사가 안되는 가게의 주인은 도무지 그 이유를 알 수가 없었다. 똑같은 짚으로 만들었고, 자신이 보면 제품의 품질에도 차이가 없는데 상대방의 가게에서는 늘 손님이 북적대고, 자신의 가게에는 늘 손님이 없었기 때문이다. 무슨 차이였을까?

아무리 궁금해해도 장사가 잘되는 집 주인은 절대 말해주지 않았다. 그런데 나중에 장사가 잘되는 집의 짚신 장수가 죽을 때가 되자 그에게 그 비결을 알려주었다. 비결은 아주 작은 것이었다. 바로 짚신 바닥의 보푸라기를 잘라내는 것이었다. 발바닥이 닿는 부분의 보푸라기를 잘라내면 발바닥의 감촉이 부드러워진다는 것이다. 이것이 비결이었다. 너무나 작은 차이였다. 그 차이가 큰 차이를 불러왔다.

사람을 감동시키는 것 역시 비싼 선물이 아니라 작은 정성이다. 단지 포스트잇에 손으로 써서 부탁했을 뿐인데 응답률이 2배 가까이 올라갔다. 얼마나 간단한가? 우리는 작은 정성을 표현하는 연습부터 해야 할지도 모른다.

누군가에게 선물을 하거나 물건을 증정할 때, 손 글씨로 쓴 카드나

편지를 동봉하는 작은 리츄얼을 준비하는 것은 어떨까? 한때 업무 차 만났던 인터넷 쇼핑몰의 K 여사장님께 그토록 어린 나이에 대단한 매출을 거둘 수 있었던 이유가 무엇인지 물어본 적이 있다. 대답이 아주 간단했다.

"저는 누구를 만나든, 헤어지고 돌아오는 길에 꼭 그분께 문자 메시지를 보내요. 오늘 만남 참 좋았다고요. 많은 것을 배웠다고요. 나중에 절 도와주신 분들이 한결같이 그 문자 이야기를 하셨어요. 사람들은 참 작은 정성에 감동하는 것 같아요."

작은 리츄얼 이야기2

사람들은 거울 앞에서
더 바람직한 행동을 할까?

이변이 없는 한 나는 저녁마다 동네 개천 옆을 달린다. 나이도 먹고 배도 나오다 보니, 이제는 살기 위해 뛰어야겠다는 생각이 들었기 때문이다. 사실은 보다 직접적인 이유가 있었다. 건강검진을 받았는데 혈압과 당, 간, 혈관 모두가 나빠졌다는 것이다. 의사는 이대로 방치하면 6개월 뒤에 쓰러진다고 해도 이상할 것이 없다고 말했다. 정신이 번쩍 들었다. 천금을 얻고도 건강을 잃으면 아무 소용이 없는데, 하물며 천금은커녕 약간의 금도 없는 처지에 건강까지 나빠지면 곤란하다 싶었다. 그래서 저녁마다 뛰기로 했다.

다행이 몇 개월 달리기를 하다 보니, 체중도 줄고 건강도 많이 좋아졌다. 저녁마다 운동을 하는 것에 맛이 들어 이제는 나만의 건강법을 찾은 것도 같다는 행복한 생각도 들었다. 그런데 달리기를 하다 보면 소변이 마려워지는 경우를 자주 맞게 된다. 밤이니 컴컴하고 사람도 없다보니 적당한 곳을 찾아 소변을 보는 일이 간혹 생겼다. 내가 즐겨 찾는 곳은 조금 어두운 다리 밑이었다. 별 생각 없이 소변을 보던 나는 몇 개월이 지난 시점에 깜짝 놀라고 말았다. 내가 소변을 보는 그곳에 누군가 큼지막한 거울을 하나 걸어놓은 것이었다.

'이런, 누가 거울을 달아놨네. 내 모습을 보면서 누는 것은 영……'

이 사건 이후로, 나는 그곳에서 더 이상 소변을 보지 않게 되었다. 그 후 집에서 나갈 때 다시 한 번 상태를 체크하고 화장실을 들렀다 나가기 시작했다. 거울의 힘이 적지 않음을 깨닫게 된 순간이었다.

지금 누가 나를 보고 있다면?

누가 나를 지켜보고 있다면 아무래도 행동이 조심스러워진다. 그래서 개방된 공간에서는 나쁜 행동이 줄어들게 된다. 만약 부정직한 행동을 할 만한 장소에 거울을 설치하면 어떤 결과가 나타날까? 흥미로운 의문이 아닐 수 없다.

비슷한 의문을 가진 아서 비맨Arthur Beaman과 그 동료들은 거울이 사람들의 부정직한 행동에 어떤 영향을 미치는지 살펴보기로 했다.[37] 일반적으로 거울은 자기 자신을 비춰보는 물건이다. 거울을 통해 우리는 있는 그대로의 자신을 보게 된다. 인간은 누구나 자기 고양성의 욕구를 갖고 있다. 거울에 비친 자기 자신이 좀 더 멋지고 훌륭한 모습으로 보이길 원한다. 그래서 거울은 좀 더 사회적으로 바람직한 행동을 하도록 유도할 가능성이 있다. 비맨 등은 이 점에 관심을 갖고 할로윈 축제기간에 아이들을 대상으로 재미있는 연구를 진행했다. 바로 거울이 바람직한 행동을 촉진하는지 증명하는 것이다.

실험은 대학교 연구소나 길거리가 아닌 가정집 18곳을 선정해 시행했다. 할로윈 축제 기간에 사탕을 얻으러 다니는 363명의 어린이들이 미리 정해진 18곳의 실험용 집에 도착하면 연구 조교가 문을 열어주고 아이들을 맞이한다. 연구 조교는 이름을 물은 다음 거실 테이블에 놓여 있는 커다란 사탕 그릇을 가리키면서 한 사람당 하나씩만 가져 갈 수 있다고 말해준다. 그리고 연구 조교는 잠시 자리를 피한 뒤 어떤 일이 일어나는지 숨어서 관찰했다. 물론 아이들은 자신들이 실험에 참가하고 있다는 사실을 몰랐으며, 누군가 숨겨진 구멍에서 자기들을 보고 있다는 것도 알 수 없었다. 그리고 조건은 사탕 그릇 옆에 아무 것도 놓여 있지 않은 경우와 거울을 비스듬히 세워 놓은 경우 2가지로 구분되었다. 연구자들은 거울이 놓여 있는 경우가 그렇지 않은 경우보다 아이들이 사탕을 1개 이상 가져가는 비율이 적을 것으로 예측했다. 숨겨진 구멍으로 엿보는 연구 조교는 아이들이 사탕을 하나 이상 가져가는 부정직한 행동을 하는지 기록했다.

사탕을 2개 이상 가져간 경우를 도둑이라 가정하고 이를 종속변수로 삼았다. 이 실험은 모두 똑같았으며 단지 거울이 있는 경우와 없는 경우로만 구분했다. 그 결과, 테이블 옆에 아무것도 없는 경우는 전체 아이들 중 37.7퍼센트가 2개 이상의 사탕을 가져갔으며, 거울이 있는 경우는 8.9퍼센트만이 2개 이상의 사탕을 가져갔다. 즉 테이블 옆에 거울이 있는 경우, 어린이들은 스스로 바람직한 행동을 하는 비율이 4배 이상 차이가 났다.

이 실험의 결과는 매우 흥미롭다. 단지 거울을 놓자 나쁜 행동을 하는 아이들이 4분의 1로 줄어들었다. 왜 이런 일이 벌어졌을까? 거울을 있으면 자신의 나쁜 행동이 객관화되기 때문이다. 거울에 비치는 자신이 스스로의 행동을 지켜보고 있으므로 나쁜 행동이 지각된다. 사람은 누군가 지켜보고 있으면 부정적인 행동을 줄이게 되는데, 이것은 타인뿐만이 아니라 거울에 비친 자기 자신에게도 해당된다.

이 연구는 일상생활에서 거울을 적절히 이용하면 매우 미묘한 방식으로 사람들이 사회적으로 좀 더 바람직한 행동을 하도록 유도할 수 있다는 사실을 알려준다. 예를 들어, 쓰레기 분리수거 하는 곳이나 화장실 등에서 사용 가능할 것이다. 쓰레기 분리수거 장수 앞에 거울을 놓아둔다면 사람들이 분리수거를 하지 않고 함부로 버리는 경우가 줄어들 가능성이 높다. 또한 화장실에 "휴지를 변기에 넣지 마시오." "금연" 등의 문구가 많이 붙어 있는데, 이 대신 거울을 부착하면 화장실을 더 깨끗하게 사용할 것이다.

그런데 최근 CCTV와 양심거울에 대한 논란이 있었다. CCTV는 사람이 잘 다니지 않은 곳이나 폐쇄공간에 설치해 만에 하나 있을지도 모르는 불량행동을 감시하는 역할을 한다. 좋은 의도로 설치하지만 종종 사생활을 침해하는 문제가 발생하기도 한다. 이에 대한 대안으로 양심거울이 사용된 곳이 있다. 강북구 미아동에서는 양심거울을 설치해, 상당히 긍정적인 효과를 보았다. 미아동에 양심 거울이 설치된 곳과 설치되지 않은 곳의 무단 쓰레기 투기는 큰 차이를 보였다. 그러나 강원도 원주시는 양심거울이 큰 효과가 없는 것으로 나타나 철거를 결정했다고 한다.[38] 위치에 따라 서로 상반된 결과가 나타난 것이다. 미아동에서는 효과가 있었는데 원주시에서는 효과가 없었다. 그 이유는 무엇일까? 몇 가지 차원으로 나누어 생각해볼 수 있다.

  우선 거울이 100퍼센트 효과를 약속하는 것은 아니라는 점을 생각해야 한다. 거울은 불량 행동의 비율을 일정수준으로 낮추어주는 효과를 가질 뿐, 100퍼센트 제거하는 효과는 없다. 따라서 원주시에도 효과가 전혀 없었던 것은 아닐 확률이 높다. 일정 부분 효과가 있었는데, 그 효과가 적었을 가능성이 있다.

  왜 그랬을까? 원주시 양심거울의 크기, 위치, 방향, 떨어져 있는 거리 등을 고려해볼 필요가 있다. 사이즈가 작다면 효과는 떨어질 것이다. 쓰레기를 투기하는 장소와 방향이 맞지 않는다거나, 거리가 떨어져 있다거나, 위치가 적합하지 않다면 역시 효과는 반감될 것이다. 또한 거울을 무시한 채 쓰레기를 버리는 행동을 누군가 계속하면, 거울 효과가 감소하고 동조 효과가 올라가게 된다. 따라서 양심거울이 효과가 없으니 철거하자는 의사결정을 하기보다는 적합한 조건을 맞추어 효과를 증대시키는 방법을 찾아보는 것이 더 좋았을 것이다. 거울을 통해 공동의 리츄얼을 만들어보려 했지만 제대로 쓰지 못해 그 효과가 반감된 것이 아쉬울 뿐이다.

하지만 나는 이 CCTV와 양심거울 실험에서 우리 개개인의 삶을 제어할 수 있는 가능성을 본다. 일상생활에서 거울을 적절하게 이용하면 사람들이 사회적으로 더 바람직한 행동을 하도록 유도할 수 있듯이, 스스로가 양심거울을 적절하게 활용하면 유혹을 느끼지만 나중에 후회하는 행동을 제어할 수 있기 때문이다.

가령 다이어트의 필요성을 절실히 느끼지만 식욕을 제어할 수 없어 늘 냉장고 문을 열었다 닫았다 하는 경우, 냉장고 문에 '다이어트 거울'을 붙여놓는 것만으로도 식욕을 상당히 절제할 수 있다. 집안 거실에 전신거울을 하나 가져다놓는 것으로 운동의 동기부여를 받을 수 있다.

무엇보다도 사무실 책상 위에 '웃음거울'을 하나 가져다놓고 분노가 솟구쳐오를 때 그 거울을 들여다보는 것은 어떨까. 엄마에게 떼쓰다 거울을 들여다보고 민망해 울음을 그치는 아이처럼 분노가 조금은 제어되지 않을까.

작은 리츄얼 이야기3
첫인상에 필요한 시간 0.1초

첫인상의 중요성은 널리 알려져 있다. 또한 첫인상이 결정되는 데 걸리는 시간이 단지 '수 초'에 불과하다는 것 역시 잘 알려져 있으며, 이를 주제로 한 책도 많이 나와 있다. 그러나 프린스톤 대학교의 재닌 윌리스Janine Willis와 알렉산더 토도로프Alexander Todorov의 연구에 의하면 첫인상이 결정되는 데 필요한 시간은 고작 0.1초라고 한다.[39] '수 초'도 너무 길다는 것이다. 이 연구에서는 실험 참가자들에게 여러 장의 인물사진을 0.1초, 0.5초, 1초 동안 보여주고, 사진 속 인물이 가진 다섯 가지 기질을 추측하게 했다. 실험 결과, 기질에 대한 추측 결과는 사진을 0.1초간 보여줬을 때나 1초간 보여줬을 때나 시간제한이 없을 때나 큰 차이가 없었다. 다만 노출시간이 길수록 자기 판단에 대해 더 자신감을 가진다는 차이는 있었다. 이 실험은 인간이 타인의 외모를 보고 기질을 추론하며, 이 추론은 0.1초처럼 지극히 짧은 노출 하에서 직관적으로 노력 없이 일어난다는 사실을 밝혀냈다. 특히 첫인상이 형성되는 데 필요한 시간이 불과 0.1초밖에 되지 않는다는 것을 밝혀냈다는 점에서 주목할 만하다.

첫인상에 몇 초면 되니?

실험은 총 275명의 대학생을 대상으로 진행됐다. 이중 절반에 해당하는 128명은 사전 실험에, 나머지는 본 실험에 참가했다. 사전 실험에서는 참가자들에게 총 66장의 사진을 보여주고 각 사진 속 인물을 다섯 가지 기질에 걸쳐 평가(추측)하게 한 뒤 평균점을 냈다. 이때 9점 척도가 사용되었는데 해당 기질을 많이 가지고 있다고 추측된 사진일수록 9점에 가까운 평가를 받았다.

본 실험에서는 참가자들에게 사진 22장을 보여주는 시간을 0.1초, 0.5초, 1초로 각기 다르게 조작했다. 그리고 각 사진 속 인물에 대한 기질 평가를 가능한 짧은 시간 안에 내리도록 요구했다. 실험이 빠르게 진행되어야 했기 때문에 9점 척도를 사용했던 사전조사와는 달리 "이 사람은 매력적입니까?"와 같은 물음에 "예."나 "아니오."로 빠르게 응답하게 했고, 각 사진의 "예." 비율을 계산했다. 여유가 주어지면 첫인상에 대한 판단이 짧은 노출에 의해서 결정되었다고 확신할 수 없기 때문이다. 이어서 실험 참가자가 내린 판단에 대한 자신감을 7점 척도로 측정했다(7점에 가까울수록 판단에 자신 있음). 각 참가자는 하나의 기질에 대해서만 판단했다. 즉 기질마다 한 번씩, 총 다섯 번의 실험을 했다. 이 역시 시간 제약에 의한 것이었다.

본 실험에서 도출된 결과(각 사진 속 인물의 각 기질에 대한 "예."의 비중)와 사전실험에서 도출된 결과(각 사진 속 인물의 각 기질에 대한 평균 점수)의 상관관계 분석을 통해 최종 결과를 도출했다. 즉 시간제한 상황하의 판단과 시간무제한 상황하의 판단의 상관관계를 분석한 것이다. 둘의 상관관계가 높게 나온다면 시간제한이 있더라도 첫인상을 정확하게(시간무제한 상황과 유사하게) 판단할 수 있다는 의미가 된다.

그 결과, 시간제한 상황과 시간무제한 상황에 내려진 판단 간의 상관관계가 높은 것으로 나타났다. 또한 0.1초, 0.5초, 1초에서의 상관

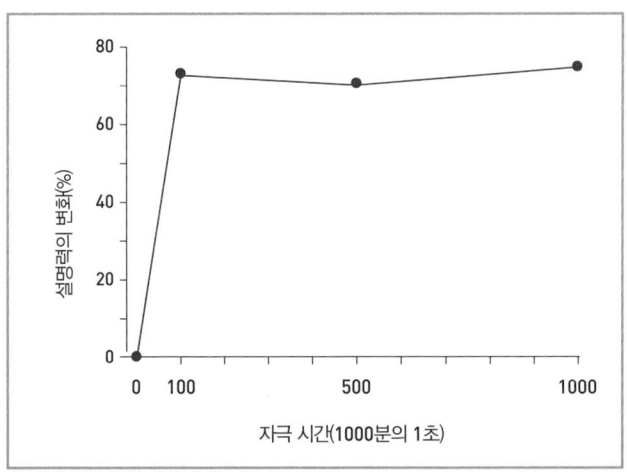

관계 강도가 조금씩 다르기는 하나 이러한 차이는 통계적으로 무의미했다. 이로써 시간제한이 있더라도 첫인상을 정확하게 판단할 수 있음이 증명되었다.

그래프는 시간제한 상황의 분산의 어느 만큼이 시간무제한 상황의 분산에 의해 설명되는지 확인하기 위한 회귀분석 결과다. 0.1초 노출 시와 1초 노출 시의 설명력의 변화는 불과 2.2퍼센트밖에 되지 않는다. 별반 차이가 없다는 것이다.

소비자는 제품을 평가할 때 여러 기준을 사용한다. 여러 기준 중 제품에 대한 첫인상을 결정짓는 것은, 사람에 대한 첫인상을 외모가 결정짓듯이 '포장'이다. 일단 머릿속에 자리 잡은 첫인상은 이후 유입되는 정보를 판단하는 기준으로 사용되기도 하며, 자리 잡은 첫인상을 고치기는 매우 힘들다.

알기 쉬운 예로, 여러 가지 우유 브랜드를 생각해보자. 대형마트 유제품 코너에는 수많은 브랜드의 우유들이 진열되어 있다. 흥미로운 것은 과거에 직육면체 패키지가 획일적으로 사용되었던 것과는 달리 최근에는 둥근 플라스틱 병이나 심지어 유리병 패키지도 사용되고 있다는 사실이다. 소비자들은 진열된 수많은 우유 브랜드를 평가할 때 포장의 디자인을 참고한다. 이를 테면 제품의 고급스러움, 맛있음, 신선함 등을 패키지를 통해 추측한다.

짧은 시간 내에 특성 추론이 일어나기에 브랜드 관리자들은 포장 디자인에 각고의 노력을 기울인다. 좋은 첫인상을 만들고 좋은 특질 추론을 일으키는 것이 중요하기 때문이다. 특히 수많은 브랜드가 진열대 위에서 경쟁하고 있고, 소비자들이 이들을 한눈에 훑어보듯 바라본다는 사실을 생각할 때, 패키지 디자인은 다른 브랜드로부터 자사의 브랜드를 차별화시킬 수 있는 요소임에 틀림이 없다.

하지만 인간관계라면 어떨까. 0.1초 만에 상대방에 대한 첫인상 파악을 완료하는 사람의 본성을 두고 우리는 어떤 대비가 가능할까? 실질적으로 없는 것 같다. 하지만 사람과 사람의 관계는 사람과 물건, 혹은 사람과 브랜드의 관계처럼 0.1초 만에 스쳐지나가지 않는다. 사람의 노력으로 얼마든지 그 0.1초를 5분, 아니 10분 이상으로 늘릴 수 있다. 음식물 처리기를 만드는 L사의 대표님은 처음 자신의 사무실을 찾아온 사람들에게는 꽃다발을 하나씩 선사한다. 나의 지인은 그때 받은 느낌을 이렇게 이야기했다. 비즈니스를 상의하러 찾은 CEO룸에서 아름다운 꽃다발을 받았을 때, 그것을 선사한 사람이 얼마나 교양 있고 낭만적이며 근사하게 보였는지 모른다고 말이다. 첫인상은 바꿀 수 없지만, 그 첫인상을 보완할 세컨드 인상은 적어도 인간관계에서는 얼마든지 만들 수 있지 않을까. 처음 만난 사람을 감동시키고 설득할 수 있는 '나만의 슬로건'과 '나만의 이벤트' 그리고 '나만의 유머'를 늘 준비해놓는 지혜로운 사람이 되자.

작은 리츄얼 이야기 4
나는 소망한다 내게 금지된 것을

19세 이하 시청 금지라는 메시지를 보면 19세 이하의 사람들은 어떤 마음을 갖게 될까? 내가 중고등학교 시절, 가장 보고 싶었던 영화 중 하나가 〈차탈레 부인 사랑〉이었다. 보고 싶었던 이유는 미성년자 관람불가라는 것 때문이었는데, 그래서 그런지 포스터 역시 다른 영화보다 더 오랫동안 기억에 남았다.

어떻게 해서든지 봐야겠다고 결심한 나는 대학생인 형에게 함께 가 달라고 부탁하며 심부름을 한 달간 잘해줄 것을 약속했다. 그리고 결국 청량리에 있는 미도극장에서 그 영화를 볼 수 있었다. 관람 결과는 한 달 동안 심부름을 할 만큼 훌륭한 영화라고는 생각되지 않았다. 그렇다면 왜 그렇게 그 영화가 보고 싶었을까? 아마도 '미성년자 관람불가'라는 표현에 끌린 것이 틀림없다.

예나 지금이나 시청을 금지시키면 금지당한 사람들의 보고 싶어하는 성향이 증가한다. 하지 말라고 하면 하고 싶고, 하라고 하면 하기 싫은 것이 인간의 마음이다. 그중에서도 성적인 금지는 더욱 하고 싶게 만든다. 데이비드 젤린저David Zellinger 등은 '21세 이하 구독불가'라는 금지를 표시했을 때 얼마나 더 보고 싶어 하는지 실험을 통해 살펴보기로 했다.[40]

19금이 더 잘나가는 이유

실험에는 총 64명의 사람들이 참가했다. 이들은 모두 21세 미만의 남성들이었다. 이들은 크게 2개의 조건을 기준으로 총 4개의 그룹으로 나누었다. 첫 번째 조건은 '21세 이하 구독불가'라는 문구가 있는 경우와 없는 경우이고, 두 번째 조건은 책 앞에 '포르노pornographic'라고 적힌 문구가 있는 경우와 없는 경우였다. 이들에게 가짜 책을 만들어 책상 위에 놓아두고, 참가자들에게 책을 얼마나 읽고 싶은지와 그 책을 얼마나 좋아하는지를 물었다.

그 결과, '21세 구독불가' 문구에 노출된 대학생들은 그렇지 않은 문구에 노출된 대학생들에 비해 그 책을 더욱 읽고 싶어 했으며, 그 책을 좋아하고 원하는 것으로 나타났다. 또한 나이 제한 문구가 있으면서 포르노 문구가 있는 경우는 그렇지 않은 그룹에 비해, 더욱더 주어진 책자를 읽고 싶어 하고 원하는 것으로 나타났다. 우리의 예상대로지만 무시할 수 없는 결과다.

우리는 금지하면 금지할수록 그 대상을 더 욕망하게 된다. '나는 소망한다 내게 금지된 것을'이라는 책 제목도 있지 않았는가. 청소년을 보호하기 위해 만들어놓은 '19세 미만 관람 금지'와 같은 법적 제재가 오히려 예상하지 못한 역효과를 불러일으키는 것이다. 그렇다면 어떻게 해야 할까? 자연스럽게 접근하게 하는 것이 더 좋다. 다만 이런 리액턴스를 일부러 일으키려는 돈을 벌고자 하는 사람들이 많다는 게 문제다.

지혜로운 부모는 이런 금지의 '리액턴스'를 아주 적절하게 활용한다. 고(故) 장택상 전 총리의 딸인 장병혜 박사의 이야기다. 장 박사는 아이들이 학교 다닐 때 밤 9시에는 모두 잠자리에 들게 했다. 그런데 어느 날 맏딸인 앨리스가 다음날 중요한 시험이 있으니 조금만 더 공부하다 자면 안 되겠냐고 물어왔다. 장 박사는 단호히 내일 시험이 있으면 낮에 충분히 했어야지 왜 잘 시간에 공부를 하려 하냐며 나무라고는 원칙대로 불을 껐다. 앨리스는 눈물을 흘리며 매달렸지만 원칙을 바꾸지는 않았다. 장 박사는 그녀의 책에서 그 이유를 이렇게 설명했다.

"만일 내가 앨리스에게 그런 기회를 주었다면 앨리스는 그 뒤 또다시 시험임에도 불구하고 쉬는 시간에 아이들과 어울려 놀거나 다른 일을 하는 등 나태한 태도를 보였을지도 모른다."

모든 아이에게 다 적용되는 것은 아니지만, 경우에 따라서 이와 같은 금지의 리액턴스를 활용할 수 있는 가족 리츄얼을 만드는 것은 좋은 교육의 한 방법이 되지 않을까 싶다.

작은 리츄얼 이야기 5

불확실성의 즐거움

지나고 나면 아무것도 아니지만 막상 닥치면 불안한 게 사람의 마음이다. 대학입시를 앞두고 있는 학생이나 학부모는 대학에 붙을지 떨어질지 알 수가 없으니 좌불안석일 수밖에 없다. 나 역시 그랬다. 1983년 11월 15일에 학력고사를 보고, 대학에 입학원서를 냈다. 내가 지원한 학교의 경쟁률은 2.5:1, 학과의 경쟁률은 2.7:1이었다. 입학원서를 낸 지원자 모임이 있어 학교 운동장에 갔더니 수천 명이 서 있었다. 그들 중에서 60퍼센트는 떨어지는 거였다. 입김을 호호 불며, 붙을지 떨어질지 모르는 불확실한 상황이 입학원서를 제출하고 나서 1달가량의 시간이 흘렀다.

드디어 합격자 발표 날이었다. 당시에는 학교 대운동장에 합격자 발표 대자보가 붙어 있었다. 멀리서 바라보는 합격자 발표 대자보는 참으로 아득했다.

'저걸 보러가야 하나 말아야 하나. 만약 내 수험번호가 없으면 어떻게 해야 하지? 다시 1년을 재수해야 하나?'

여러 심정이 교차하는, 시간이 멈춘 것 같은 순간이었다. 이후에도 비슷한 경험을 여러 번 더했다. 취직을 할 때, 대학원 시험을 봤을 때, 박사 시험을 봤을 때, 사업을 제안했을 때…….

인생은 불확실성의 연속이다. 그러나 인간은 불확실성을 매우 싫어한다. 특히 미래가 불확실한 것을 정말 싫어한다. 바로 이 점 때문에 젊은이들이 직업으로 교사나 공무원을 선호하는 것이다. 교사나 공무원은 많은 것들이 확실하다. 보수를 예측할 수 있고, 진급 시기나 결과 역시 예측 가능하며, 정년이 상대적으로 확실하다. 이렇게 미래를 예측할 수 있으면 계획을 짤 수 있다. 미래가 불확실하면 계획을 세우기가 어렵다. 그래서 남자건 여자건 안정적인 직장을 원하는 것이다.

이처럼 불확실성은 미래를 예측할 수 없으므로 불안을 키우게 된다. 그러나 티모시 윌슨Timothy Wilson 등의 연구에 따르면 반드시 그런 것만은 아닌 것 같다.[41] 불확실성은 불안도 키우지만 경우에 따라서는 즐거움도 키워준다. 어떤 경우에 어떤 조건이 갖춰져야 불확실성이 오히려 즐거움을 키우게 될까?

윌슨 등은 동기의 불확실성에 초점을 맞추었다. 누군가가 행동을 했는데, 왜 그랬는지 알 수 없을 때 불확실성이 발생한다고 보았다. 윌슨은 특히 선물을 받는 상황을 가정했다. 누군가에게 예상하지 못한 선물을 받았을 때 그 사람의 동기가 무엇인지 알 수 없으면 불편하기 마련이고 그 동기를 파악하기 위해 애쓰게 된다. 그런데 선물의 동기가 무엇인지 파악되지 않을 때, 오히려 더 즐거움이 배가 될 수 있다. 윌슨 등은 누군가 호의를 베풀 때 그 동기를 모르면 불확실성이 증가하게 되는데, 그럼에도 오히려 즐거움이 배가 될 수 있음을 증명했다.

몰라서 더 좋아요

버지니아 대학교 도서관에서 혼자 공부하고 있는 학생들 35명을 대상으로 평일 오후 3시~9시 사이에 실험이 이루어졌다. 1달러짜리 동전이 붙은 두 종류의 카드를 선물로 준비했다. 모든 카드에는 웃는 얼굴이 그려져 있었다.

한 종류의 카드에는 1달러짜리 동전이 붙은 선물 카드를 누가 주었는지 모르게 했다. 이 카드 위에는 "미소 협회입니다. 우리는 여러분의 친절한 행동을 장려합니다."와 같이 의도를 이해하기 어려운 말이 써놓았다(불확실 조건의 선물카드). 반면 다른 종류의 카드에는 "우리는 누구일까요? 미소 협회입니다. 우리가 왜 이런 행동을 할까요? 우리는 여러분의 친절한 행동을 장려합니다."라고 써놓았다(확실 조건의 선물카드). 다시 말해, 두 종류의 카드는 같은 정보를 담고 있으나 한 종류의 카드에만 질문과 답변 형식을 택한 것이다.

　연구자는 학생들에게 두 카드 중 하나를 주며 "당신을 위한 선물 카드입니다. 좋은 하루 보내세요."라고 말한다. 참가자에게 카드를 준 후에 연구자는 카드를 줄 다른 사람을 찾아보는 척하면서 떠난다.

　불확실 조건의 선물카드를 받은 사람들은 '이건 누가 주는 거지?' '미소협회는 뭣하는 곳이야?' 등의 생각을 계속하게 될 것이다. 무언가 선물을 받았는데, 이것저것 생각을 하게 되면 카드를 받아서 얻는 즐거움이 조금 더 오래 지속될 가능성이 높다. 반면 확실 조건의 선물카드를 받은 사람들은 이 선물카드가 누구로부터 온 카드이고, 왜 이 카드를 받았는지에 대한 의문을 가지고 정보를 처리하는 데 시간을 덜 쓸 가능성이 높다.

　이후 학생들의 기분을 물었다. 질문이 포함되지 않은 불확실 조건의 선물카드를 받은 학생들은 누가 왜 카드를 주었는지에 대한 의문을 가지면서 선물을 더 신비스럽게 받아들이고, 또 더 행복해하는 것으로 나타났다. 대개의 경우 불확실성은 사람을 불편하게 만들고 불행하게 느끼도록 만들지만, 선물을 받는 차원에서 벌어지는 불확실성은 즐거움을 높이는 것으로 나타났다.

　이 연구 결과를 적용한다면, 누군가에게 선물할 때에는 그 동기가 무엇인지 잘 모르게 하는 것이 상대방을 더 행복하게 해준다는 것을 알 수 있다. 앞에서 본 것처럼 기대하지 않았던 선물은 받는 사람의 즐거움을 증가시키기 때문이다.

사람들은 보통 불확실성에 대한 이야기를 들으면 '공포, 불안함'과 같은 부정적인 것들을 생각한다. 하지만 불확실성은 즐거움을 증가시킬 수도 있다. 생각해보면 인생은 원래 불확실한 거다. 마음껏 즐겨도 된다.

작은 리츄얼 이야기6
작은 신체 접촉의 힘

　신체 접촉은 인간 생활의 기본이다. 아이는 엄마 품에 안기는 신체 접촉을 통해 안정감을 얻고, 엄마 역시 아이와의 신체 접촉을 통해 사랑을 느낀다. 남녀가 사랑을 하면 손을 잡고 포옹을 한다. 신체 접촉이 곧 사랑의 구체적 행위가 된다. 남자끼리 우정을 느끼면 악수를 하고 어깨를 부딪치며 동료애를 쌓아간다. 야구장에 가서 응원을 할 때는 모르는 사람과 어깨동무를 하고 춤을 추고 노래를 부른다. 이처럼 신체 접촉은 사람이 사회적 동물로서 느끼는 최소한의 의사표시가 된다.
　친분이 있는 사람들과 나누는 신체 접촉은 긍정적일 것이라고 충분히 예상할 수 있지만, 친분이 없는 사람과의 신체 접촉은 어떤 결과를 갖고 올까? 우리는 부정적일 것이라고 예상할 수 있다. 왜냐하면 잘 모르는 사람과의 접촉은 다소 부담이 되기 때문이다. 하지만 에이

프릴 크루소April Crusco와 크리스토퍼 웨첼Christopher Wetzel은 권위적인 행동이나 성적인 접촉이 아니라 작은 연결감이 느껴지는 신체 접촉은 잘 모르는 사람과 일어나더라도 부탁을 들어주거나 팁을 남기는 등의 우호적인 태도를 불러올 수 있다고 생각했다.[42] 이들은 친분이 없는 사람이라고 하더라도 이들과 실험 참가자 간에 신체 접촉이 이루어지면 참가자는 이들에 대해 긍정적으로 평가하고, 이는 곧 제품의 구매로 이어질 수 있다는 것을 간단한 실험을 통해 증명했다.

살짝 만졌을 뿐인데

실험은 슈퍼마켓에서 혼자 쇼핑하고 있는 18세 이상의 성인 136명(여성 94명, 남성 42명)을 대상으로 실시되었다. 캔자스 시 슈퍼마켓의 냉동 식품 코너에서 진행되었고, 사전에 피자 회사의 협조를 얻어 새로운 피자를 소개하는 무료 시식 행사를 함께했다. 쇼핑객이 시식대로 다가오면 연구자는 "안녕하세요? 샘플 피자를 맛보시겠어요? 신제품이고 유기농 재료로 만들어졌어요."라고 이야기한다. 쇼핑객이 시식에 대해 동의하면 피자를 주고 피자를 살 수 있는 냉동식품 코너의 위치를 알려준다.

쇼핑객의 절반은 연구자가 팔을 살짝 만지는 신체 접촉을 하고 나머지 절반은 신체 접촉을 하지 않았다. 쇼핑객이 시식대를 떠나면 관찰자가 다가가 다음과 같은 요청을 한다. "고객님이 피자를 시식하는 것을 보았는데 신제품 피자에 대한 의견을 듣고 싶습니다. 맛본 피자에 대해 점수를 매겨주실 수 있으세요?" 측정을 거부한 쇼핑객은 조사에서 제외하고, 접촉과 비접촉 조건에서 같은 수의 참가자 수가 얻어졌을 때 조사를 끝마쳤다. 두 번째 관찰자는 실험에 참가한 쇼핑객이 피자를 구입하는지 기록했다.

그 결과, 연결감이 느껴지는 상태에서의 신체 접촉은 음식을 시식하고 구매하는 비율을 증가시키는 것으로 나타났다. 그러나 신체 접촉이 피자 맛에 대한 평가까지 변화시키지는 않았다. 즉 신체 접촉이 피자의 맛을 더 맛있게 만들었다기보다는 제품을 구매하고자 하는 마음에 영향을 미쳤다고 볼 수 있다. 왜 이런 일이 벌어졌을까? 연구자와 참가자 사이의 연결감이 느껴졌기 때문이다.

사람은 작은 신체 접촉으로도 연결감을 갖게 된다. 처음 만나는 사람과의 악수는 그냥 인사일 수도 있지만 연결감을 표현하는 상징적 행동이기도 하다. 적대적 관계가 아닌 상태에서, 연구자의 작은 신체 접촉은 연결감을 증진시켰고, 그에 따라 제품 판매에 긍정적 영향을 미쳤다. 이 연구는 작은 신체 접촉이 단순한 호의(긍정적 태도)에서 구매로까지 이어지는 과정을 잘 보여주었다.

상품의 판매에만 신체 접촉이 중요한 역할을 하는 것이 아니다. 오프라 윈프리가 토크쇼의 여왕으로 등극한 계기는 다름 아닌 '포옹'이었다. 그녀는 어느 때고 "나는 교황과도 쉽게 포옹할 수 있다."고 공공연히 이야기한다. 그녀는 지위가 높건 낮건 먼저 다가가 사람들을 따뜻하게 안아줌으로써 그들의 마음을 무장 해제시키고 가슴 깊이 숨겨둔 아픔과 회한을 고백하게 만들었던 것이다. 이렇게 작은 신체 접촉은 사람의 마음을 연다.

접촉은 또 개개인의 행복도와도 직결되어 있다. 베스트셀러 작가 김정운 전 명지대 교수는 아이폰의 성공비밀은 '터치'에 있다고 했다. 또 남자들이 룸살롱에 가서 시간 죽이고 돈 퍼지르는 이유도 '터치'를 원하기 때문이라 주장한다.

맞다. 대한민국 사람들은 터치가 부족하다. 아이 때 그토록 물고 빨고 하던 자녀들도 조금만 크면 손 한번 잡지 못하고 한번 안아주지도 못한다. 특히 한국의 중년 남자들은 말할 나위도 없다. 가족 앞에 뒷짐 지고 선 아버지의 모습은 곧바로 '터치 부재'의 한국사회를 드러내는 듯하다.

그러나 앞의 실험에서 보았듯이 자녀의 손을 꼭 한번 잡아주는 것만으로 그들의 닫힌 마음, 상한 마음을 열 수 있다. 힘든 집안일에 지친 아내의 등을 쓰다듬는 것만으로 그녀를 위로할 수 있다.

한국 사회에서 가족 간에, 부모자식 간에, 부부 간에 신체접촉을 위한 리츄얼은 반드시 필요하다. 좀 느끼하더라도 '굿나잇 키스'라든가 '출근 뽀뽀', '하루 한번 허그' 같은 매일 매일의 신체 접촉 리츄얼을 적극 개발하라. 가족 간의 크고 작은 갈등이 사라질 것이다.

작은 리츄얼 이야기7
낯섦음과 공감대

낯설다는 것은 익숙하지 않다는 것이다. 익숙하지 않을 것을 만나게 되면, 일단 주의해서 보게 마련이다. 그래서 무언가 변화를 유도하려 할 때는 이미 익숙한 것으로부터 충분히 낯설고 달라야 한다. 다르면 한 번이라도 더 보게 되고, 더 생각하게 된다. 다르면 놀라움이 증가하게 되고, 정보 처리가 증가하게 되며, 결과적으로 선호도가 증가하게 된다.

사람은 다르게 느껴질 때 비로소 생각을 시작한다. 왜 그럴까? 사람은 최소의 노력을 통해 최대의 효과를 얻으려 하다. 이것이 사람의 인지자원 사용에 대한 대전제이다. 다르지 않으면 최소한의 노력도 들이지 않는다. 다르지 않으면 생각할 필요가 없고, 기존의 정보도 그대로 유지하게 된다. 이러한 경향은 인간의 행동을 설명해 주는 가장 간결하고 강력한 법칙이다.

　인간은 누구나 노력은 조금만 들이고 많이 얻어내고 싶어 한다. 눈앞에서 벌어지고 있는 일련의 사건이 자신이 이미 갖고 있는 기억체계와 유사하다면 정보를 처리하려는 생각조차 하지 않게 된다. 기존의 기억체계와 달라야 생각하기 시작하고, 기억하게 되고, 호감을 갖게 된다. 그러나 다르다고 다 좋은 것은 아니다. 해마다 수천 개의 신제품이 출시된다. 그렇게 많은 제품이 서로 다르다고 주장하지만 겨우 7퍼센트 정도만이 시장 진입에 성공한다. 이러한 결과는 아이러니하다. 모든 제품들이 다름을 주장하지만 대부분은 실패한다는 것이다. 이유가 뭘까? 다르다는 인식, 즉 낯설다는 느낌을 얻기 위해서는 먼저 공감대가 있어야 하기 때문이다.

　낯설기만 해서는 곤란하다. 낯설음과 반드시 같이 있어야 할 단어가 공감대다. 공감대가 없으면 들뜬 공과 같아서, 이상한 것으로 비춰진다. 공감은 사람 마음을 안정시켜주는 진정제와 같다. 새로운 문화상품을 만들었다고 가정하자. 무엇이 우선되어야 하겠는가? 바로 공감대다. 너무 특이해서 공감을 얻지 못하면 소용이 없다.

　차별화를 한다는 것은 낯설음을 제공한다는 것이다. 이 낯설음이 소비자의 마음에 침투하기 위해서는 먼저 공감을 얻어야 한다. 다시 말해, 공감이 가지만 낯선 요소 역시 있어야 한다는 것이다. 이것이 사람들의 주의와 이해, 설득을 이끌어낼 수 있는 핵심 키워드다.

낯설지만 공감이 갑니다

왜 공감 가면서도 낯선 내용이 만나게 되면 놀라움이 생기고, 정보처리의 양이 증가하고, 선호도가 증가할까? 이것은 이론적으로 설명이 가능한가? 바로 '중간 불일치 효과Moderately incongruity effect'로 설명할 수 있다.[43]

이해를 돕기 위해 도표로 표시해보겠다. 다음 쪽의 그림은 그 이름도 유명한 '뒤집어진 U 커브'다. 이 그래프에 의하면 크게 3가지 중요한 지점이 있다. Y축은 정보처리의 양과 선호도이고, X축은 새로 들어오는 정보의 낯설음 정도다. 만약 새로 들어오는 정보가 A지점에 해당한다면, 다시 말해 기존 정보와 매우 유사하게 인지되는 정보가 들어오게 되면 소비자는 이 정보를 기존 제품의 카테고리로 간단하게 처리한다. 기존 정보와 유사하면 기존의 기억 내용에 근거해 새로운 정보를 처리한 후, 기존의 기억 내용 안에 저장하게 된다. 그래야 효율적이기 때문이다. '뭐, 특별한 건 없군……. 기존의 것과 비슷하잖아.' 이런 식의 평가를 내리게 되어, 가볍게 정보처리가 끝난다. 이 경우에는 정보처리의 양이 줄어들고, 선호도는 특별히 높아지지 않는다.

한편 기존 제품과 매우 상이한 정보, 즉 C지점에 해당하는 정보가 들어오면 어떻게 될까? 이 경우 역시 사람들은 최소의 노력에 최대의 효과를 목표로 하므로, 새로운 정보를 기존 정보 안에서 해결하고자 우선 노력한다. 그러나 기존의 기억체계와 너무 다른 정보는 기존의 기억체계로 설명이 안 되는 경우가 많다. 사람들은 최소의 노력만 들이려 하는데, 쉽게 해소되지 않는 정보가 들어오게 되면 정보처리에 대한 동기가 낮아지게 된다. 이 경우 역시 사람들의 정보처리 양이 줄게 되고, 제대로 된 기억구조를 구성할 수 없게 된다. 정보처리의 양이 작아지므로 결과적으로 선호도 역시 낮아지게 된다. 즉 C지점으로 들어오는 정보는 무시되거나 잊어버리는 정보가 되기 십상이다.

그렇다면 어느 수준의 정보가 가장 좋을까? 그림에서 볼 때, B지점으로 들어오는 정보가 최선이다. B지점으로 들어오는 정보는 기존의 기억과 일정 부분은 유사하고, 일정 부분은 낯설다. 즉, 기존의 것과 유사하기도 하고 유사하지 않기도 하다. 이런 형태의 정보가 들어오면 어떤 반응이 일어날까? 사람들은 이 경우, 기존 정보체계를 활용

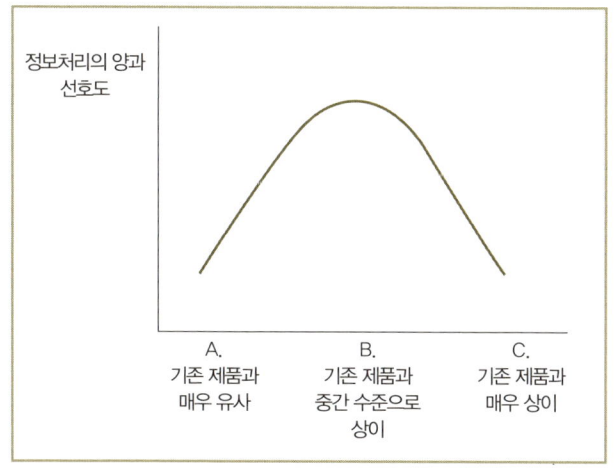

해 새로운 정보를 해석하기 위해 노력한다. 기존 정보 체계와 일정 부분 유사하므로 정보처리의 동기가 증가하게 되며, 상이한 정보를 어떻게 해서든 범주화해 처리하고자 노력한다. 따라서 정보처리의 양이 증가하게 되며, 그 결과 선호도 역시 증가하게 된다. 바로 이 부분이 낯설음과 공감대가 함께 공존하는 장소다. 적당히 낯설고 공감 가는 부분, 바로 중간 불일치가 일어나는 장소다. 이번에는 낯설음과 공감대의 정도를 도표로 그려보겠다.

	공감대 낮음	공감대 높음
낯설음 높음	3	1
낯설음 낮음	4	2

하나의 축에 낯설음의 정도를 놓고, 또 하나의 축에 공감대의 정도를 분배하면 위와 같은 간단한 그림이 나온다.

1번의 위치가 가장 좋다. 낯설기도 하고 공감도 가는 영역이다. 그 다음으로 좋은 영역은 어디일까? 바로 2번이 영역이다. 비록 낯설지는 않지만 공감이 간다. 비록 낯설지는 않지만 공감이 가기 때문에, 정보처리가 어느 정도 수준까지는 일어난다. 그러나 3번의 영역은 좋지 않다. 3번의 영역은 낯설지만 공감이 없는 영역이다. 이렇게 되면 정보처리 자체가 거의 일어나지 않게 된다. 그렇게 보면 4번 영역에는 아예 가지 않는 것이 좋다.

이렇듯 낯설지만 공감가는 것을 찾아내는 능력이 바로 우리가 살아가는 21세기 지식정보화 시대의 핵심 경쟁력이다. 그렇다면 어떻게 이 핵심 경쟁력을 우리가 확보할 수 있을까.

많은 전문가들은 일단 새로운 것들과 많이 접하라고 권한다. 스타벅스의 창업자 하워드 슐츠는 매일 다른 사람과 점심식사를 하는 리츄얼을 가지고 있다. 이를 통해 뻔히 정해진 자신의 영역을 벗어나 새로움을 접하고자 한 것이다.

또 늘 하던 방식을 바꾸어보는 것도 새로움을 접하는 계기가 된다. 늘 다니던 길이 아니라 다른 길을 선택해본다든지, 자가용을 놓아두고 대중교통을 이용해본다든지 하는 것도 낯설음과 접하는 좋은 방법이 된다.

나는 개인적으로 낯설지만 공감 가는 영역을 찾아내는 훈련으로 시 읽기를 늘 권한다. 시야말로 낯선 표현으로 공감을 얻어내는 가장 참신한 콘텐츠이기 때문이다. 시를 읽는 동안 우리는 서로 무관해 보이는 것들이 폭력적으로 결합하는 것을 보게 되고, 그것이 우리 마음속에 파문을 일으키며 공감을 얻어내는 것을 느끼게 된다.

재작년부터 올해까지 인기를 얻고 있는 김난도 교수의 『아프니까 청춘이다』도 정호승 시인의 「외로우니까 사람이다」라는 시 구절의 변용이다. 꼭 이런 실용적인 용도가 아니더라도 하루 한편 하루를 시작하기 전에 시를 읽는 리츄얼을 갖춰보는 것은 어떨까. 창의적인 사고도 훈련이 되겠지만 무엇보다 먼저 마음이 촉촉해질 테니까 말이다.

| 나가며 |

일단 리츄얼부터 만들라

사람이 만들어가는 문명은 언제나 진화한다. 심리학도 진화하고, 심리학에 대한 일반 대중들의 이해도 진화한다. 이 책은 거기에 일조하고 싶었다. 이를 위해 최근에 이루어진 사회심리학, 인지심리학 연구 40여 편을 정리했다. 가능하면 이해하기 쉽고, 실생활에 접목하기 쉽도록 구성하려고 애를 썼다. 약간의 한계는 있다는 점을 인정하지 않을 수 없다.

지식이란 게 원래 쉽게 얻어지는 것이 아니다. 늦은 밤 고심하고 노력해야 이해하고 적용할 수 있다. 나 역시 내가 갖고 있는 최선의 역량을 다해 쉽고 재미있게 정리하고자 노력했다. 또한 이전에 출간한 책들과 다르게 문체도 바꿔보았다. 나의 오래된 독자들에게는 생경하게 느껴질 수도 있지만 객관적인 느낌을 전달하기 위한 것이니 이해해주실 거라 생각한다.

이 책에서 다루고 있는 연구들은 하나같이 한 분야에서 일가를 이루고 있는 심리학자들이 가설하고 증명한 것들이다. 먼저 그들에게 감사한다. 그리고 덤벙대는 남편을 위해, 항상 챙겨주고 기다려주는 내 아내 이상윤에게 진심으로 감사하고 사랑한다는 말을 전한다. 아빠를 닮으려고 노력하는 큰아들 동현이와 작은 아들 효재에게도 사랑하는 마음을 전한다.

모름지기 공부란 실제의 인생과 연결되어야 한다. 공부의 목적이라는 것이 우리 삶과 지식을 연결시키기 위한 것이 아닌가. 따라서 실질적인 삶에 도움이 되는 것을 연구하고 적용하는 관점을 훈련하고, 또 사회에 전달하는 것이 공부하는 사람의 임무라고 생각한다. 여기에서 소개되는 연구들은 하나같이 현실 생활에 도움을 주기 위해 쓰였다. 독자 모두 이 책에서 이런저런 리츄얼이 있었다는 사실을 깨달을 수 있었기를 바란다. 그리고 그를 통해 인생에 대한 새로운 통찰을 얻고, 자신의 생활에 많은 도움을 얻길 희망한다.

그리고 이제 당신만의 리츄얼, 직접 만들어보라.

| 주석 |

1. Donald G. Dutton, Arthur P. Aron, 「Some evidence for heightened sexual attraction under conditions of high anxiety」, Journal of Personality and Social Psychology, vol. 30, 1974, p. 510-517
2. Fritz Strack, Leonard L. Martin, Sabine Stepper, 「Inhibiting and facilitating conditions of the human smile: A nonobtrusive test of the facial feedback hypothesis」, Journal of Personality and Social Psychology, vol. 54(5), 1988, p. 768-777
3. Robert Soussignan, 「Duchenne smile, emotional experience, and autonomic reactivity: a test of the facial feedback hypothesis」, Emotion, vol. 2(1), 2002
4. David T. Neal, Tanya L. Chartrand, 「Embodied Emotion Perception: Amplifying and Dampening Facial Feedback Modulates Emotion Perception Accuracy」, Social Psychological and Personality Science, 2011
5. Gail Tom, Paul Pettersen, Teresa Lau, Trevor Burton, Jim Cook, 「The Role of Overt Head Movement in the Formation of Affect」, Basic and Applied Social Psychology, vol. 12(3), 1991, p. 281-289
6. Angela K.-y. Leung, Suntae Kim, Evan Polman, Laysee Ong, Lin Qiu, Jack A. Goncalo, Jeffrey Sanchez-Burks , 「Embodied metaphors and creative acts」, Psychological Science, 2011
7. John T. Cacioppo, Joseph R. Priester, Gary G. Berntson, 「Rudimentary determinants of attitudes. II: Arm flexion and extension have differential effects on attitudes」, Journal of Personality and Social Psychology, vol. 65, 1993
8. Lawrence E. Williams, John A. Bargh, 「Experiencing Physical Warmth Promotes Interpersonal Warmth」, Science, 2008
9. Nils B. Jostmann, Danie Lakens, Thomas W. Schubert, 「Weight as an Embodiment ofImportance」, Psychological Science, 2009

10. Lisa M. DeBruine, 「Facial resemblance enhances trust」, Proceeding of the royal society of London, 2002, p. 1307-1312.
11. Randy Garner, 「What's In A Name? Persuasion Perhaps」, Journal of Consumer Psychology, 15(2), 2005, p. 108-116
12. Peter Suedfeld, Stephen Bochner, Deanna Wnek, 「Helper-sufferer similarity and a specific request for help: Bystander intervention during a peace demonstration」, Journal of Applied Social Psychology, vol. 2, 1972
13. Joseph Forgas, 「An Unobtrusive Study of Reactions to National Stereotypes」, Journal of Social Psychology, 1976
14. Muzafer Sherif, 「The psychology of social norms」, New York: Harpe, 1936
15. Solomon E. Asch, 「Opinion and Social Pressure」, Scientific American, 1951, 1956
16. Serge Moscovici, E. Lage, M. Naffrenchoux, 「Influences of a consistent minority on the responses of a majority in a colour perception task」, Sociometry, vol. 32, 1969
17. Alice Isen, Paula Levin, 「Effect of Feeling Good on Helping: Cookies and Kindness」, Journal of Personality and Social Psychology, vol. 21, No. 3, 1972, p. 384-388
18. Xinyue Zhou, Kathleen D. Vohs, Roy F. Baumeister, 「The Symbolic Power of Money: Reminders of Money Alter Social Distress and Physical Pain」, Psychological Science, vol. 20, 2009
19. Antonia Hamilton, Wolpert D, &Frith U. , 「Your Own Action Influences How You Perceive Another Person's Action」, Current Biology, vol. 14, 2004, p. 493-498.
20. Hidehiko Takahashi et al., 「When Your Gain Is My Pain and Your Pain Is My Gain: Neural Correlates of Envy and Schadenfreude」, Science, vol. 323, 2009, p. 937.
21. Ed O'Brien, Phoebe C. Ellsworth, 「Saving the Last for Best: A Positivity Biasfor End Experiences」, Psychological Science, 2012
  Jack Brehm, 「A theory of psychological reactance」, New York: Academic Press, 1966
22. Jack Brehm, 「Responses to loss of freedom: A theory of psychological reactance」, Morristown, NJ: General Learning Press, 1972
23. Norbert Schwarz, 「When reactance effects persist despite restoration of freedom: investigation of time delay and vicarious control」, European Journal of Social Psychology, vol. 14, 1984, p. 405-419
24. Pierre Chandon, Brain Wansink, 「The Biasing Health Halos of Fast-food Restaurant

Health Claims: Lower Calorie Estimates and Higher Side Dish Consumption Intentions」, Journal of Consumer Research, 2007

25. Rita Coelho do Vale, Rik Pieters, Marcel Zeelenberg, 「Flying under the Radar: Perverse Package Size Effects on Consumption Self-Regulation」, Journal of Consumer Research, 2008

26. Daniel M. Wegner, David J. Schneider, Samuel R. Carter, Teri L. White, 「Paradoxical Effects of Thought Suppression」, Journal of Personality and Social Psychology vol. 53, 1987, p. 5-13

27. Nicolas Guéguen, Céline Jacob, 「Clothing Color and Tipping: Gentlemen Patrons Give More Tips to Waitresses With Red Clothes」, Journal of Hospitality & Tourism Research, 2012a

    Nicolas Guéguen, Céline Jacob, 「Lipstick and tipping behavior: When red lipstick enhance waitresses tips」, International Journal of Hospitality Management, vol. 31(4), 2012b, p. 1333-1335

    Céline Jacob, Nicolas Guéguen, C. Delfosse, 「She Wore Something in Her Hair: The Effect of Ornamentation on Tipping」, Journal of Hospitality Marketing & Management, vol. 21(4), 2012, p. 414-420

    A. J. Elliot, D. Niesta, 「Romantic red: Red enhances men's attraction to women」, Journal of Personality and Social Psychology, vol. 5, 2008, p. 1150-1164

    A. J. Elliot, D. N. Kayer, T. Greitemeyer, S. Lichtenfeld, R. G. Gramzow, M. A. Maier, 「Red, Rank, and Romance in Women Viewing Men」, Journal of Experimental Psychology, vol. 139(3), 2010, p. 399-417

    M. Lynn, T. Simons, 「Predictors of male and female server's average tip earnings」, Journal of Applied Social Psychology, vol. 30, 2000, p. 241-252

28. A. D. Pazda, A. J. Elliot, T. Greitemeyer, 「Sexy red: Perceived sexual receptivity mediates the red-attraction relation in men viewing woman」, Journal of Experimental Social Psychology, vol. 48(3), 2012, p. 787-790

29. Andrew J. Elliot, Henk Aarts, 「Perception of the color red enhances the force and velocity of motor output」, Emotion, vol. 11(2), 2011, p. 445-449

30. Russell A. Hill, Robert A. Barton, 「Red enhances human performance in contests」, Nature, vol. 435, 2005

31. Norbert Hagemann, Bernd Strauss, Jan LeiBing, 「When the Referee Sees Red…」, Psychological Science, vol. 19(8), 2008, p. 769-771

32. Henrik Hagtvedt, Vanessa Patrick, 「The Influence of Art Infusion on the Perception and Evaluation of Consumer Products」, Advances in Consumer Research

33. C. S. Areni, D. Kim, 「The influence of background music on shopping behavior: Classical versus top-forty music in a wine store」, Advances in Consumer Research, vol. 20, 1993, p. 336-340

34. Shelly Chaiken, 「Heuristic Versus Systematic Information Processing and the Use of Source Versus Message Cues in Persuasion」, Journal of Personality and Social Psychology, 1980

35. Richard E. Petty, John T. Cacioppo, David Schumann, 「Central and Peripheral Routes to Advertising Effectiveness: The Moderating Role of Involvement」, Journal of Consumer Research, 1983, p. 135-146

36. Randy Garner, 「Post-It? Note Persuasion: A Sticky Influence」, Journal of Consumer Psychology, vol. 15(3), 2005, p. 230-237.

37. A. L. Beaman, B. Klentz, E. Diener, S. Svanum, 「Self-awareness and transgression in children: Two field studies」, Journal of Personality and Social Psychology, vol. 37(10), 1979, p. 1835-1846

38. 강원도민일보, 2012. 07. 02

39. Janine Willis, Alexander Todorov, 「First Impressions: Making Up Your Mind After a 100-Ms Exposure to a Face」, Psychological Science, vol. 17, 2006, no. 7

40. David Zellinger, Howard Fromkin, Donald Speller, Carol A. Kohn, 「A Commodity Theory Analysis of the Effects of Age Restrictions on Pornographic Materials」, Journal of Applied Psychology, 1975

41. Timothy D. Wilson, David B. Centerbar, Deborah A. Kermer, Daniel T. Gilbert, 「The Pleasures of Uncertainty: Prolonging Positive Moods in Ways People Do Not Anticipate」, Journal of Personality and Social Psychology, vol. 88(1), 2005, p. 521

42. April H. Crusco, Christopher G. Wetzel, 「The Midas Touch: The Effects of Interpersonal Touch on Restaurant Tipping」, Personality and Social Psychology Bulletin, vol. 10, 1984, no. 4, p. 512-517

43. Margaret Campbell, Ronald Goodstein, 「The Moderating Effect of Perceived Risk on Consumer's Evaluations of Product Incongruity」, Journal of Consumer Research, vol. 28, 2001, p. 439-449

Joan Meyers-Levy, 「Understanding Consumer's Response to Incongruent Product Information」, New Research and Insights Prashant Malaviya, Advances in Consumer Research, vol. 25, 1998, p. 115

리츄얼

펴낸날	초판 1쇄 2012년 12월 17일
	초판 6쇄 2019년 3월 20일

지은이 **신병철**
펴낸이 **심만수**
펴낸곳 **(주)살림출판사**
출판등록 1989년 11월 1일 제9-210호

주소   경기도 파주시 광인사길 30
전화   031-955-1350   팩스 031-624-1356
홈페이지 http://www.sallimbooks.com
이메일   book@sallimbooks.com

ISBN   978-89-522-2282-4   13320

※ 값은 뒤표지에 있습니다.
※ 잘못 만들어진 책은 구입하신 서점에서 바꾸어 드립니다.